L'ENCYCLOPÉDIE DE LA MYTHOLOGIE

L'ENCYCLOPÉDIE DE LA MYTHOLOGIE

NEIL PHILIP

ROUGE & OR

À Sinéad Philip

Publié pour la première fois en 2004
sous le titre *Mythology of the World*
par Kingfisher, une marque de Macmillan Children's Books,
division de Macmillan Publishers Ltd., Londres

Directrice de publication : Melissa Fairley
Directrice artistique : Jane Tassie
Iconographe : Cee Weston-Baker

Édition française :

Adaptation française : Nelly Zeitlin
Réalisation : Philippe Brunet / PHB
Coordination éditoriale : Véronique Herbold
et Marine Pijollet

Conforme à la loi n° 49956 du 16 juillet 1949 sur les publications destinées à la jeunesse.

N° d'éditeur : 10149170
ISBN : 978-2-26-140236-6
Dépôt légal : octobre 2008

Imprimé en Chine

Légende des cartes

Savane et prairies — Forêts tempérées — Forêts tropicales
Déserts — Montagnes — Toundra
Forêts de résineux — Régions polaires

Sommaire

Les Romains

Irlande

Scandinavie

Europe de l'Est

Introduction

D'abord et avant tout, un mythe est une histoire. Cette histoire transmet les valeurs, les croyances et les rêves d'un peuple ; car chaque mythe, chaque légende naît dans un contexte culturel donné. Le caractère sacré d'une légende est essentiel pour sa signification. Souvent, elle ne peut être contée que par des personnes bien précises, ou à une date déterminée, ou encore lors de fêtes ou de rituels particuliers.

Raconter une légende, c'est plonger dans un monde mythique, peuplé de forces invisibles qui façonnent secrètement le monde terrestre. Le mythe est une façon de comprendre ces forces et de négocier avec elles pour créer une passerelle entre les deux mondes.

Ce livre propose de découvrir certains des univers mythologiques et ceux qui les ont créés. Des civilisations qui semblent plutôt démunies du point de vue matériel possèdent une étonnante richesse dans le domaine de la mythologie.

Dans une légende des Akimel O'odham qui vivent aux États-Unis (voir p. 112-113), le dieu Buzzard crée tout un monde en miniature, avec un soleil, une lune, des étoiles semblables aux nôtres. Chaque légende est semblable au cosmos de Buzzard : elle contient tout un monde, dessiné dans ses moindres détails.

Mythes et légendes véhiculent les vérités les plus profondes que les humains sont capables de comprendre et d'exprimer. Ainsi, même s'ils sont plus faciles à interpréter dans le contexte de la société qui leur a donné naissance, ils font partie d'un trésor qui appartient à toute l'humanité. Il serait dommage de les oublier.

Neil Philip

Amérique du Nord
Océan Atlantiqu
N
O
E
S
Océan Pacifique
Amérique du Sud
LE MONDE

Océan Arctique
EUROPE
ASIE
AFRIQUE
AUSTRALIE
Océan Indien
Océan Antarctique
ANTARCTIQUE

Légendes et mythes

Les mythes se différencient des simples récits ou des contes par leur caractère sacré. Sur notre continent, les mythes les plus connus proviennent de la Grèce antique. Ils nous parlent de Zeus et d'autres dieux de l'Olympe (voir p. 34-35), ou bien retracent les hauts faits de héros comme Héraclès et Thésée (voir p. 36-37).

Pour les Nuxalk de la Colombie-Britannique (ci-dessus, un de leurs masques rituels), le monde était une île ronde et plate. Sninia, un être surnaturel, l'immobilisait avec une corde. Dès que Sninia bougeait, il déclenchait des tremblements de terre. Les dieux peuplaient la Maison des mythes, au-dessus de l'île des hommes.

Vishnu, le protecteur, est l'un des principaux dieux hindous. Par neuf fois il revint sur la terre afin d'aider les hommes. Ici, il a pris la forme du poisson Matsya afin de permettre à Manu, le premier homme, d'échapper au déluge et de sauver ainsi l'humanité (voir p. 75).

Les mêmes histoires...

Selon l'une des légendes grecques, Zeus (voir p. 30-31) aurait ouvert les cieux, laissant ainsi la pluie se déverser sur la terre. Deux mortels, Deucalion et Pyrrha, auraient cependant survécu au déluge en construisant une arche, puis en se réfugiant sur le mont Parnasse. Ce mythe est très semblable à celui que l'on trouve dans la Bible avec l'arche de Noé. Il ressemble aussi à une légende de Sumer, où le survivant se nomme Ziusudra (voir p. 68), et à un mythe babylonien.

Certains des thèmes de la mythologie sont repris un peu partout dans le monde. À travers les légendes, on retrouve les questions essentielles que les humains se posent à propos de leur passé et leur avenir. Les mythes portent souvent sur la création du monde, l'apparition du premier homme et comment il a réussi à survivre en utilisant les ressources naturelles.

Souvent aussi, les mythes traitent des colères des divinités, de la destruction du monde par le feu ou par l'eau, de la disparition des êtres vivants et de leur réapparition. Le mythe du déluge est quasiment universel. On le retrouve même chez les Aborigènes d'Australie qui, à l'époque où ils l'ont créé, étaient pourtant totalement coupés du reste de l'humanité.

La légende de Romulus et Remus (voir p. 44-45), élevés par une louve puis par un berger, fut la pierre angulaire de l'Empire romain. Les cérémonies annuelles des Lupercales rappelaient le sillon que Romulus traça avec sa charrue pour définir les pourtours de la ville. Au début des festivités, des chèvres étaient sacrifiées dans la grotte où la louve avait allaité Romulus et Remus encore petits.

... RACONTÉES AUTREMENT

Dans les religions polythéistes, où les hommes vénèrent plusieurs dieux, les mythologies sont parfois extrêmement compliquées. C'est notamment le cas chez les Aborigènes Ngarrindjeri (voir p. 136-37), où les légendes sont à la fois un bien partagé par tous et un savoir secret appartenant soit aux hommes, soit uniquement aux femmes.

La transmission des mythes ne s'effectue pas non plus toujours de la même manière. Le plus souvent, c'est un conteur qui les raconte. Mais ils peuvent aussi être véhiculés par des danses, des chants, des peintures, des rituels... Chez les Nuxalk de Colombie-Britannique (voir p. 106-107), par exemple, deux sociétés secrètes étaient responsables des danses qui célébraient l'arrivée de l'hiver. Les danseurs portaient des masques en bois très travaillés, qui représentaient les dieux vivant au-dessus de ce monde, dans la Maison des mythes.

Pour les Marind-anim de Papouasie-Nouvelle-Guinée, ceux qui exécutent les danses rituelles représentent les déma, des esprits qui vivaient à l'époque mythique de la création. Comme les ancêtres du « Rêve » aborigène (voir p. 134-135), le déma est moitié homme, moitié animal. Le monde invisible dans lequel il se trouve a plus d'importance et de réalité pour les Marind-anim que le monde réel.

Mythes et culture

Pour les Vikings, Odin (ci-dessus ; voir aussi p. 58-59) entretient des liens étroits avec le monde souterrain et avec les morts. C'est une autre divinité, Heimdallr, qui est responsable de la société humaine.

Les mythes sont le reflet d'une civilisation. Ils expriment les valeurs, les croyances et les centres d'intérêt de ceux qui vivent dans une zone géographique particulière, à une époque donnée. Le contenu des mythes est la clé ouvrant sur les mécanismes de pensée de ces êtres humains.

Des êtres surhumains

Dans la plupart des mythologies figurent des êtres aux pouvoirs surhumains qui apportent la culture aux humains. Ces « héros culturels » volent le feu au profit des hommes, leur enseignent la chasse, l'agriculture, le tissage ou encore la fabrication des paniers. Souvent, ils instaurent des cérémonies religieuses qui font revivre ce savoir sacré.

Le héros culturel est parfois le dieu créateur lui-même. Le plus souvent, il s'agit d'un être moins inaccessible – quelquefois il est mi-dieu, mi-homme. Ainsi, dans l'ancienne Mésopotamie, Gilgamesh (voir p. 72-73), roi d'Uruk, n'était pas seulement un héros culturel mais aussi le fondateur d'une société. Pour les deux tiers, il était un dieu ; pour un tiers, il était humain.

Maui (à droite) est un héros culturel important. C'est lui qui aurait ramené les îles de la Polynésie à la surface, aurait placé le ciel en hauteur, aurait dérobé le feu au monde souterrain et aurait piégé le soleil, l'obligeant à ralentir et à apporter plus de lumière aux humains.

Selon la mythologie égyptienne, Osiris, le dieu du monde souterrain (à droite, et voir p. 144-145), aurait été autrefois un roi terrestre. C'est lui qui aurait enseigné l'agriculture aux Égyptiens, lui qui leur aurait appris à fabriquer des outils et à les utiliser. Ses bienfaits lui valurent le nom de Ounen-Néfer, « l'Être perpétuellement bon ».

Les « tricksters »

Dans beaucoup de mythes, la découverte du savoir est rattachée à la curiosité et à l'espièglerie, des caractéristiques qui sont aussi celles des « tricksters ». Ces personnages, que l'on retrouve sous toutes les latitudes, sont malicieux, farceurs, indisciplinés et gaffeurs. Till l'Espiègle ou le personnage du renard dans *Le Roman de Renart* sont des exemples européens de ces figures mythiques. Les tricksters des Amérindiens prennent souvent la forme d'un animal tel que le coyote ou le corbeau. La Femme-Araignée est une divinité importante des Indiens du sud-ouest de l'Amérique du Nord, comme les Navajos.

Les Indiens Nuxalk (voir p. 106-107) pensaient que les ancêtres de l'homme étaient arrivés sur la terre sous la forme d'animaux. Le trickster Corbeau leur servait de guide et de professeur, mais il agissait aussi parfois de manière maléfique.

Le don des histoires

Le héros culturel du peuple des Asante du Ghana (Afrique) est Anansé, un homme-araignée auquel le dieu Onyankopon accorda le don de raconter des histoires. Cette légende montre que le héros culturel ne se contente pas de réordonner le monde ou de transmettre des connaissances pratiques : il est aussi à l'origine des arts et des divertissements humains.

Selon une légende des Inuit du Canada, le peuple des aigles offrit à un jeune homme nommé Teriak le plus important de tous les dons : celui de la joie. Depuis ce jour, les humains ont le devoir de chanter et d'être joyeux. Leurs chants pleins de gaieté doivent s'élever vers le ciel et rendre ainsi leur jeunesse aux aigles âgés.

Mythes et spiritualité

Les mythes sont des histoires sacrées, souvent accompagnées de rituels religieux. Mais les personnages mythologiques sont respectés et redoutés comme s'ils existaient réellement. Pour les sociétés qui font corps avec leur mythologie, comme c'est le cas du peuple Ifugao des îles Philippines, toute action effectuée dans notre monde a un retentissement dans l'univers des dieux.

L'une des principales figures mythologiques des Aborigènes d'Australie est le Serpent arc-en-ciel. Il a créé les collines, les vallées et les fleuves du paysage des origines. Désormais, il forme un arc-en-ciel qui s'arc-boute au-dessus de la terre et se mire dans l'eau ou les cristaux de quartz. Le Serpent arc-en-ciel confère des pouvoirs aux sorciers (à gauche). Ceux-ci sont, par exemple, capables de faire tomber la pluie.

Des dieux multiples

Les Ifugao vivent sur la Cordillère centrale de l'île de Luzon, aux Philippines. Leurs gigantesques rizières en terrasse, à flanc de colline, seraient pour certains la huitième merveille du monde. Selon les Ifugao, l'art de fabriquer ces terrasses leur vient de leurs ancêtres mythologiques. La plupart des 120 000 Ifugao rendent un culte à leurs quelque 1 500 dieux.

Ce nombre impressionnant se retrouve dans d'autres cultures : les Romains de l'Antiquité avaient des dieux pour presque toutes les fonctions. Chez les Égyptiens, les divinités étaient si nombreuses qu'on ne pouvait les compter.

Le mythe taoïste chinois des Huit Immortels (à gauche) traduit l'aspiration de l'homme à une existence qui ne prendrait jamais fin. Ces personnages légendaires auraient gagné la vie éternelle par leur grand savoir et leur infinie sagesse. He Xiangu était la seule femme parmi les Huit Immortels.

Les chamans

Des sociétés aussi développées que celle des Égyptiens, des Aztèques ou des Incas comportaient une catégorie de prêtres chargés d'établir un lien entre le monde des humains et celui des dieux. Dans les sociétés tribales, cette tâche revient souvent à des individus nommés chamans, auxquels les dieux ou les esprits ont conféré des pouvoirs magiques. Leur tâche principale consiste à guérir les malades, d'où leurs noms d'hommes-médecine ou de guérisseurs.

Les sibylles de la Grèce antique étaient des prophétesses inspirées par les dieux (voir p. 40-41). La sibylle de Cumes (Italie) accompagna Énée aux enfers lorsqu'il partit chercher son père, Anchise. Quand Énée retrouva Anchise et voulut l'étreindre, ses bras ne rencontrèrent que le vide.

Bien des chamans amérindiens (à droite, un chaman de la tribu des Secotan, peint en 1585) tirent leurs pouvoirs de visions au cours desquelles ils obtiennent l'aide d'un esprit. L'oiseau fixé ici sur la tête du chaman représente sans doute l'esprit tutélaire qui lui permet de « voler » lorsqu'il est en transe.

Une ancienne pratique

Le chamanisme est une pensée religieuse qui remonte à l'âge de pierre (voir p. 29). Les rituels des chamans sont sans doute à l'origine des extraordinaires peintures sur les parois des grottes préhistoriques. Dans des temps plus récents, des Européens ont aussi utilisé différentes formes de chamanisme : c'est notamment le cas des sibylles, ou bien des guerriers vikings qui, sous l'emprise d'Odin, livraient de furieuses batailles (voir p. 58-59).

Le mot « chaman » vient de Sibérie, où ce phénomène fut étudié pour la première fois, mais il correspond à une pratique connue dans le monde entier. Les San du désert du Kalahari, en Afrique, pensait que /Kaggen, le dieu suprême (voir p. 146-147), avait créé le monde à partir d'un rêve. Les chamans San entrent dans un état second qui s'apparente au rêve ; c'est alors qu'ils appellent la pluie ou guérissent les malades.

Mythes et société

Les mythes sont liés à la religion, mais également à la structure sociale d'une civilisation, à sa conception de la famille, au développement de son art et de son artisanat. Les mythes constituent une voie vers le sacré. Ils sont en même temps révélateurs des modes de vie ici-bas.

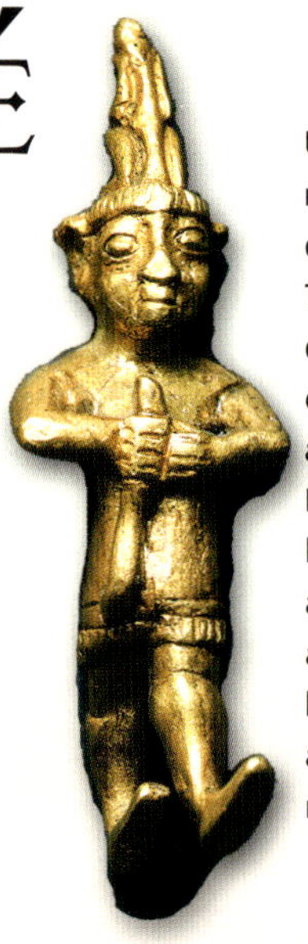

Une légende hittite raconte que, pris d'une terrible colère, Telebinu, le dieu de la fertilité, partit en laissant le monde à l'état de désert. Désormais, seuls les rites qui sont accomplis chaque année en son honneur peuvent assurer de bonnes récoltes.

Pour le peuple des Tikigaq de Point Hope (Alaska), le mythe était le lien vivant entre les hommes, la terre et les baleines, dont dépendait leur survie. Leur péninsule aurait été autrefois un cétacé. Harponné par le dieu Corbeau, il se serait transformé en une langue de terre. Ce mythe avait une résonance profonde dans la société des Tikigaq. Lorque les hommes chassaient la baleine, ils réinterprétaient le rôle du Corbeau. Pendant ce temps, les femmes demeuraient dans l'igloo, redonnant vie à l'âme du cétacé. Lorsqu'une baleine était pêchée, l'épouse du chasseur victorieux descendait au rivage pour accueillir l'animal. Un cycle de rituels annuels conduisait jusqu'à la grande chasse du printemps.

Des mythes bien vivants

On considère souvent les mythes comme un mélange de religion et d'imaginaire, sans prendre en compte leurs implications culturelles et pratiques. Leur importance dans la vie quotidienne est sous-estimée.

Chez les Dogons du Mali (Afrique), chaque village est considéré comme une personne étendue : sa tête, au nord, abrite la forge, et ses pieds, au sud, le sanctuaire. Cela provient d'un mythe fondateur : selon la mythologie dogon, en effet, le dieu Amma façonna le monde dans de l'argile et lui donna la forme d'une femme étendue dans cette position. La hutte du hogon, le chef religieux du village, est le modèle de l'univers, et les mouvements du hogon sont en accord avec les rythmes du monde. Sa bourse est la « bourse du monde », son bâton est l'« axe du monde ». Chacun des détails de ses vêtements parle d'Amma, le dieu créateur, de Nommo, ses enfants jumeaux, ou bien encore de l'œuf dont est sorti le cosmos.

La vie spirituelle des Dogons est très active car, chez ce peuple, le monde mythique et l'univers réel s'interpénètrent.

Séduire les dieux

Bien des rites ancestraux visent à assurer de bonnes récoltes. Et nombreuses sont les légendes où les hommes doivent convaincre un dieu de restituer la lumière, la pluie et la fertilité à la terre. Ainsi, Amaterasu, déesse japonaise du soleil (voir p. 90-91), doit être attirée hors de sa grotte pour que le jour revienne. Afin d'en finir avec à la sécheresse, il faut persuader Telebinu, le dieu hittite de la fertilité, de quitter la montagne sur laquelle il se trouve. Quant à la déesse grecque Déméter (voir p. 38-39), si elle ne retrouve pas sa fille, la terre restera stérile.

Dans bien des mythologies, les dieux enseignent aux hommes les gestes et les techniques nécessaires à leur survie. C'est pourquoi le plus petit acte de la vie quotidienne est chargé de signification. Quand les peuples sud-américains des bords de l'Orénoque, comme les Warao (voir p. 122-123), confectionnent leurs paniers très ouvragés, ils symbolisent dans les motifs l'histoire des origines et donnent une forme visible au monde invisible des esprits.

Dans la mythologie des Indiens du sud-ouest des États-Unis, les kachinas sont des esprits qui ont entre autres pour fonction de faire tomber la pluie. Lors des cérémonies, ces esprits s'incarnent dans des danseurs masqués qui convoquent les nuages et leur demandent d'apporter de l'eau (ci-contre, une poupée kachina).

La vie quotidienne des Warao (voir p. 122-123) du Venezuela est étroitement mêlée à la mythologie. Leurs pirogues conservent l'esprit de Dauarani, la mère de la forêt. Celui qui veut couper un arbre pour construire son bateau doit obtenir le consentement de l'esprit femelle qui habite l'arbre. Il lui faut ensuite le protéger, grâce à des chants, contre l'esprit du jaguar. Le jaguar vient en effet à la nuit tombée se moquer de l'arbre qui se fait « manger » par les haches des hommes.

Mythes et géographie

Le territoire des Wishram, sur la partie inférieure du fleuve Columbia, aux États-Unis, est surplombé par un visage songeur, sculpté dans un bloc volcanique. Il représente Tsagiglalal, la déesse qui surveille toutes les allées et venues. Au moment de la création, avant que l'esprit Coyote ne remonte la rivière et ne vienne perturber les choses, c'est elle qui régnait sur les habitants de la région. Mais Coyote la transforma en rocher, puis lui intima l'ordre de surveiller les Wishram.

La géographie d'un pays influe sur la mythologie de ses habitants. Ainsi, les Warao du delta de l'Orénoque, en Amérique du Sud (voir p. 122-123), imaginent le monde comme un disque plat entouré d'eau. C'est sans doute parce que ces peuples vivent au niveau de la mer et que la terre leur apparaît comme une bande plate séparant l'eau du ciel.

La construction du paysage

Des peuples tels que les Warao vivent en parfaite harmonie avec leur environnement. Leurs légendes portent sur les êtres sacrés vivant à l'époque de la création. Mais elles sont aussi un guide détaillé de l'équilibre écologique délicat du monde Warao.

Le mélange entre la mythologie et la géographie est évident chez ce type de populations, dont le territoire est très spécifique. Dans une société plus complexe comme celle de l'Égypte ancienne, la mythologie était marquée par l'inondation annuelle du Nil, qui venait fertiliser une étroite bande de terre du désert égyptien.

Partout en Amérique, on retrouve dans les vieilles légendes l'idée d'une première espèce magique, les « premiers hommes », capables de prendre une forme humaine ou animale, et qui se transformèrent au moment de l'arrivée des « hommes réels ». Cette vision du monde existe aussi en Australie, où l'on célèbre encore aujourd'hui les faits et gestes de ces « premiers hommes ». Ceux-ci sont omniprésents dans le paysage, puisqu'ils sont censés s'être transformés en animaux, en rochers, en esprits…

Dans la mythologie égyptienne, Bénou, l'oiseau sacré, traversa l'océan des premiers âges jusqu'à un monticule rocheux sortant de l'eau. Il s'y posa et poussa un cri strident qui créa le monde. Ce monticule servit de modèle aux pyramides dans lesquelles furent ensevelies les momies des pharaons.

Un pays vivant

En Afrique du Sud, la mythologie du peuple San parle des hommes-animaux de la race originelle. Ce genre de mythe rend la nature, et tout ce qu'elle contient, sacrée. De la même façon, en Australie, chaque aspect du paysage atteste de la présence des ancêtres des Aborigènes du temps du « Rêve », l'époque de la création (voir p. 134-135). Les chants du Rêve se relient les uns aux autres et ils transforment l'Australie en un grand corps vivant, dont le cœur est le monolithe de grès d'Uluru (image au centre).

En Mésopotamie, on demandait aux dieux d'être les témoins des dons de terres faits par le roi. Les symboles des témoins divins étaient gravés au sommet des kudurrus – les stèles de donation de terre. Des copies de ces stèles étaient dressées sur les champs eux-mêmes et dans les temples des dieux. Le texte de cette pierre appelle la colère divine sur ceux qui trahiraient les accords.

Les lieux sacrés des Aborigènes, comme Uluru (ci-dessus) sont les réserves d'une énergie magique, connue sous le nom de djang, qui se recharge grâce aux actes rituels. Les Aborigènes pensent qu'Uluru fut construit au temps du Rêve par deux garçons jouant dans la boue après le passage de la pluie. Pendant le Rêve, l'endroit servit aussi de champ de bataille à des peuples de serpents, les Kuniya et les Liru.

Mythes et étoiles

La danse des étoiles dans le ciel et la révolution des planètes ont inspiré l'espèce humaine. C'est en observant le soleil et la lune que les hommes mesurent le temps. Les peuples anciens lisaient dans les étoiles le récit des changements, catastrophes et renaissances à venir.

Nout, la déesse égyptienne du ciel, est souvent représentée sous la forme d'une femme qui se penche au-dessus de la terre (à gauche). Le soir, Nout avale le disque du soleil. Au matin, elle lui redonne naissance à l'est.

Calendrier égyptien

Dans la mythologie de l'Égypte ancienne, les étoiles étaient les enfants de Nout, la déesse du ciel, et de Geb, le dieu-terre. Après la naissance des étoiles, le père de Nout la maudit et lui annonça qu'elle ne pourrait plus enfanter pendant aucun des mois de l'année. Mais Nout, qui avait fait un pari avec Thot, le dieu de la lune et calculateur du temps, gagna cinq jours, qui vinrent s'ajouter aux douze mois de trente jours chacun. Ces jours-là, elle enfanta Osiris (voir p. 144-145), Horus, Seth, Isis (voir p. 50) et Nephthys. Ne comportant pas d'année bissextile tous les quatre ans, le calendrier égyptien de 365 jours se sépara peu à peu de l'année réelle. Tous deux ne coïncident que tous les 1 460 ans.

Le disque de Nebra (ci-dessus) rappelait sans doute aux hommes le temps des semailles. On y découvrait le soleil et un croissant de lune, des étoiles, deux arcs (un seul reste visible) qui correspondent aux solstices d'hiver et d'été, et une barque dorée (en bas).

En Amérique centrale, les Mayas et les Aztèques combinaient un cycle de 260 jours et un autre de 365 jours dans un calendrier circulaire s'étalant sur cinquante-deux ans (ci-contre, un calendrier aztèque montrant les Cinq Âges du monde). Certains Mayas des zones montagneuses se servent encore de ce calendrier.

Un vieux ciel

L'importance de l'astronomie dans les civilisations très anciennes est mise en évidence par un objet de l'âge de bronze retrouvé au sommet du mont Mittelberg, en Allemagne. Le disque de Nebra (au centre) montre le ciel nocturne tel qu'il était autour de 1600 ans avant J.-C. La barque dorée représente l'embarcation dans laquelle voyageait le soleil.

Les Incas voyaient dans les étoiles le présage de leur propre chute. Persuadés que le soleil et les étoiles étaient en guerre, ils s'efforçaient de les maintenir ensemble par des rituels se déroulant dans des lieux comme le poteau d'encrage du soleil, sur le Machu Picchu, au Pérou. Les Mayas demandaient à Viracocha (à droite), leur dieu suprême, que « le monde ne chavire pas ».

Le sens des mythes

Les mythes évoluent avec le temps et ils peuvent être racontés à chaque fois de manière légèrement différente. Les croire fixés une fois pour toutes serait une erreur : au contraire, la souplesse est une de leurs grandes forces. C'est vrai aussi quand on se penche sur leur signification : les mythes peuvent être interprétés de mille manières.

Dans la mythologie de la Perse ancienne, le travail du créateur, Ahura Mazda, était détérioré par le démon destructeur Angra Mainyu. Ahura Mazda emprisonna donc le démon à l'intérieur de la création. Mais le temps viendra où Angra Mainyu sera chassé de la création et où naîtra un monde sans tache.

La civilisation aztèque du Mexique fut en partie vaincue parce que son dernier souverain, Montezuma, croyait aux mythes aztèques. En 1519, peu de temps avant que les conquistadors espagnols débarquent, le royaume fut la proie de noires prédictions. Des chasseurs apportèrent à l'empereur un oiseau surmonté d'un miroir. Celui-ci reflétait le ciel, mais Montezuma y aperçut un groupe d'hommes en armes. Les Espagnols commandés par Hernán Cortés vinrent facilement à bout des Aztèques, car Montezuma voyait en Cortés le serpent à plumes ayant traversé l'océan pour reprendre son royaume (voir p. 116-117).

La naissance du prince Rama avait pour seul but de vaincre le démon Ravana. Rama était mi-dieu, mi-homme, et il possédait la moitié de l'essence divine de Vishnu, le protecteur. Le mythe hindou de la quête de Rama pour retrouver son épouse Sita tombée dans les griffes du démon est l'un des plus connus et des plus appréciés dans le monde (voir p. 78-79).

Personnage multiple, le dieu hindou Shiva ne peut se réduire à une description rapide. À gauche, on le voit absorbé dans la tandava, sa danse cosmique. Dans une main, il a un petit tambour qui fait naître une vie nouvelle. Dans une autre, il tient la flamme de la destruction dans laquelle il va engloutir le monde pour supprimer ce qu'a créé Maya, à savoir l'illusion.

La déesse mésopotamienne Inanna (à droite ; voir p. 68-69) était vénérée par les Sumériens, qui voyaient en elle la reine de la terre et du ciel. Au cœur de sa légende figurent ses souffrances dans le monde inférieur, où elle a pénétré pour tenter d'arracher à sa sœur, Ereshkigal, le secret de la vie et de la mort. Le personnage de cette puissante déesse de l'amour et de la guerre est passé d'une civilisation à une autre, en se modifiant légèrement chaque fois.

Fournir des réponses

Les mythes ne sont pas des vérités immuables, mais des représentations changeantes de la réalité. Ils tentent d'apporter des réponses aux interrogations essentielles – par exemple, pourquoi le monde est-il plein de souffrances ? – sous forme de légendes, de poèmes, de chants et de symboles. Les mythes du monde entier explorent les mystères insondables de la vie et de la mort. Bon nombre de mythologies adoptent un point de vue dualiste en présentant un monde dirigé par des divinités du bien et des divinités du mal. Ailleurs, les pouvoirs de créer et de détruire sont réunis dans un dieu unique. Ainsi, dans le bouddhisme tibétain, le dieu Shiva (voir p. 76-77), sous la forme de Mahakala, est responsable à la fois de la création et de l'anéantissement de toutes choses. La nature même du mythe peut se transférer dans un objet unique, comme le mât sacré du peuple Omaha habitant les plaines nord-américaines. Appelé l'Homme vénérable, le mât sacré était au cœur des croyances et des rituels des Omaha. Considéré comme un être vivant, il se trouvait célébré en tant que protecteur et maintenait la cohésion de la tribu. Les mythes jouent un rôle de cet ordre : ils tissent et assemblent les fils des significations et des souvenirs.

Océan Atlantique
N
O
E
S
Islande
Ymir
Loki
(Scandinavie)
Norvège
Suède
Finlande
Väinämöinen
Balder
Odin
Écosse
Irlande
Dagda
(Royaume-Uni)
Pays de Galles
Angleterre
Danemark
Allemagne
Europe de l'Est
France
Vénus de Willendorf
Espagne
Italie
Vesta
Flore
Cybèle
Romulus et Remus
Grèce
Zeus
Déméter
Apollon
Athéna
Cheval de Troie
Minotaure
Déesse aux serpents
Crète
Afrique

L'Europe

L'Europe a connu des vagues d'immigration de peuples différents. Les Celtes furent ainsi repoussés vers l'ouest, et c'est en Irlande que l'on retrouve la version la plus complète de leurs mythes. Mais ce sont les anciennes civilisations de Grèce et de Rome qui ont laissé les mythologies les plus riches. Leur influence remonte à l'âge du bronze.

NOTE AU LECTEUR

Les régions ou pays figurant sur chacune des cartes représentent les zones traitées dans le chapitre qui suit. En illustration, les personnages mythologiques dont parle ce chapitre.

Perdu dans le passé

Une grande partie des mythes a presque totalement disparu. Les peuples de l'Europe préhistorique, par exemple, n'ont laissé aucun écrit sur leur mythologie. Même si les peintures rupestres nous donnent un aperçu de leurs croyances, elles ne suffisent pas à reconstituer pleinement les mythes.

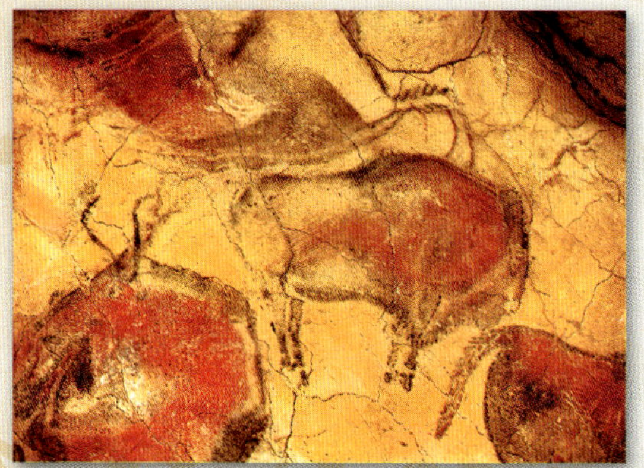

Réalisées avec du charbon de bois ou des os brûlés et colorées grâce à l'oxyde de fer, les peintures rupestres du paléolithique montrent souvent des scènes de chasse. On y voit des bisons (ci-dessus), des cerfs et des chevaux. Les humains sont souvent dotés de caractéristiques animales, comme des cornes et des queues. Ces personnages mi-hommes mi-bêtes représentent presque à coup sûr les chamans de l'ère glaciaire qui, par leurs rituels magiques, étaient censés assurer le succès des chasseurs.

Peintures de l'ère glaciaire

Les peuples de l'ère glaciaire (environ 38 000 à 8 000 av. J.-C.) ont laissé des peintures expressives sur les parois des grottes. Elles permettent de tenter de retrouver l'univers mythologique des premiers Européens. Autres indices : d'étranges symboles gravés dans des rochers, des trésors venus de sites sacrés ou enfouis dans des tombes, ou encore des images de divinités dont nous ignorons les noms.

Beaucoup de restes de l'âge de la pierre montrent une déesse dotée des attributs de l'oiseau ou du serpent (voir p. 30-31). Cette divinité, souvent décorée de motifs ondulés pour symboliser la pluie, est la déesse de l'eau et de l'air. Certaines figurines qui la représentent avec un bébé dans les bras (à gauche) laissent penser qu'elle était célébrée comme la déesse mère. À l'âge de la pierre, un lien était peut-être établi entre l'eau qui désaltère la terre et le lait qui nourrit l'enfant.

Statues de l'âge de pierre

Les peuples du néolithique, vivant en Europe aux environs de 7000 ans avant J.-C., avaient hérité de bien des modes de pensée de leurs aïeux. Mais de nouveaux éléments vinrent refléter l'importance prise par l'agriculture aux côtés de la chasse et la cueillette. À l'instar de leurs ancêtres de l'ère glaciaire, ces hommes sculptaient dans la pierre des représentations des divinités. Ils en fabriquaient aussi en argile.

Cette tasse en or a été découverte en 2001 à Ringlemere, en Angleterre. Elle date des années 1700 à 1500 avant J.-C. Abîmée sans doute par une charrue, elle montre pourtant l'habileté des artisans de l'âge du bronze. Elle avait été déposée dans la tombe de son propriétaire.

Phénomène nouveau de l'âge du bronze, le culte du soleil est peut-être dû au fait que cet astre représente le feu, un élément essentiel au travail du métal. Des objets du culte (voir ci-contre), tels que le splendide char solaire remontant au XIVe siècle avant J.-C. et trouvé à Trundholm, au Danemark, viennent corroborer cette théorie. Le cheval est en bronze, et il tire un disque doré, monté sur roues, qui représente sans doute le dieu du soleil. Nouvelles inventions de l'âge du bronze, le char et les roues étaient inconnus des civilisations précédentes.

Des éléments de la mythologie de l'âge de la pierre sous-tendent les mythes de l'âge du bronze. Mais un puissant dieu du ciel prend aussi une importance croissante. Dans les pierres gravées de Scandinavie (à droite), il porte une hache ou un marteau. Il est peut-être le précurseur de Thor, le dieu viking (voir p. 56-57).

L'âge du bronze

L'âge du bronze européen, qui débuta vers 2500 avant J.-C., correspond à un bond important de la civilisation. Les armes et les outils en bronze entraînèrent un surprenant développement de l'artisanat, du commerce et de tous les aspects de la culture, y compris la religion et la mythologie. Le début de l'âge du bronze correspond à la fondation de la première ville de Troie (voir p. 42-43) et aux grandes cultures préhelléniques telles que la civilisation minoenne en Crète (voir p. 32-33).

L'âge du bronze fit aussi entrer l'Europe dans l'ère de l'écriture. À partir des mythes et des cultes disparus de l'âge du bronze prirent naissance les grandes mythologies des Grecs, des Romains, des Scandinaves et des Celtes.

L'enfant divin

En Crète, Zeus était vénéré à la fois comme un enfant et comme un « kouros » – un jeune homme imberbe. Plus tard, il apparut sous les traits d'un homme barbu.

La civilisation classique de la Grèce ancienne fut l'œuvre des Doriens, qui envahirent la Grèce aux alentours de 1100 avant J.-C. Ils supplantèrent la civilisation des Achéens, centrée sur la Crète et que l'on nomme souvent « minoenne » à cause de Minos, roi crétois de légende (voir p. 32-33). Venus, si on en croit les archéologues, d'Asie occidentale, les premiers Minoens s'installèrent en Grèce à la fin de l'âge de la pierre.

Le miel était très réputé dans la Crète minoenne. Comme ailleurs en Europe, la divinité de la régénération était vénérée sous la forme d'une abeille (pendentif à droite). Le lieu de naissance de Zeus, son fils, était une grotte habitée par des abeilles. Quand quatre hommes tentèrent de voler le miel, Zeus les transforma en oiseaux.

Atlantide, la cité perdue

Le grand palais de Cnossos, en Crète, fut mis au jour par l'archéologue Sir Arthur Evans (1851-1941) au début du XXe siècle. Cette découverte suscita un grand enthousiasme et bien des gens crurent alors qu'il s'agissait de la cité perdue de l'Atlantide. Certains spécialistes considèrent aujourd'hui que l'Atlantide appartenait à la civilisation minoenne, mais ils pensent que c'était l'île de Santorin, dévastée par un tremblement de terre.

Élevé au miel

Le titan Cronos, son époux, ayant dévoré leurs enfants précédents, la déesse Rhéa décida de sauver son fils Zeus de cette mort terrible.

La déesse mère enfanta en secret dans une grotte du mont Dicté, en Crète. L'enfant fut nourri grâce au miel des abeilles sacrées qui peuplaient la caverne, et Rhéa confia son enfant aux filles de Melisseus, l'apiculteur. Elle entoura une pierre de langes et la donna à Cronos, qui l'avala en croyant que c'était son enfant.

Ce disque d'argile couvert d'une spirale de hiéroglyphes fut trouvé dans le palais de Phaestos en 1903. Nul n'a pu décrypter ce texte, mais on pense qu'il s'agit d'un hymne à la grande déesse, vénérée dans toute la Crète.

La grande déesse de la Crète minoenne est manifestement reliée à la déesse aux serpents (ici avec un musicien), qui était célébrée par toutes les civilisations de l'Europe ancienne. Cette divinité est souvent caractérisée par des ondulations (voir p. 28) qui symbolisent la pluie cosmique. L'ondulation est aussi l'élément de base du labyrinthe, or la grande déesse était considérée en Crète comme la maîtresse du dédale.

Crète minoenne

Santorin, qui fut colonisée par les Minoens vers 3000 avant J.-C., était une île ronde, comme la description faite de l'Atlantide. Depuis le tremblement de terre, elle a pris l'aspect d'un simple fer à cheval. On ignore si Santorin est à l'origine du mythe de l'Atlantide. Ce qui semble sûr, c'est que le tremblement de terre de Santorin dévasta toute la Crète minoenne et affaiblit à tel point cette civilisation que les envahisseurs doriens n'eurent pas de mal à la conquérir.

Les Minoens vénéraient une grande déesse peut-être nommée Rhéa, et ils croyaient qu'elle avait engendré un fils dans la grotte de Psychro, en Crète. Les Doriens donnèrent à cet enfant le nom de Zeus, leur dieu suprême. Mais il est possible qu'initialement, l'enfant divin ait été Dionysos, le dieu de la vie indestructible.

C'est bien la naissance de Dionysos dans le monde souterrain qui était célébrée par les mystères d'Éleusis (voir p. 38-39). Ces rites, conduits dans le secret le plus total à Éleusis, étaient célébrés ouvertement à Cnossos depuis les temps les plus anciens.

Mort au monstre !

Les légendes de la Crète minoenne sont parvenues jusqu'à nous à travers la mythologie grecque. Mi-homme mi-taureau, le Minotaure n'était, pour les Grecs de l'Antiquité, qu'un monstre qui devait périr par la main de Thésée, le héros athénien (voir p. 37). Pour les Minoens, le Minotaure était de nature divine, et l'histoire de son sacrifice véhiculait un message de renaissance.

Extraite d'une fresque restaurée du palais du roi Minos à Cnossos, cette représentation d'un jeune Minoen est connue sous le nom de « Prince des lys ». D'autres fresques montrent des jeunes gens bondissant par-dessus des taureaux, dans une démonstration rituelle de courage et de souplesse.

Minos et ses deux frères étaient les enfants d'Europe et de Zeus. Abandonnée par Zeus sur l'île de Crète, Europe épousa le roi Astérion, qui adopta ses enfants. Astérion pensait léguer l'île aux trois frères. Mais, après sa mort, Minos réclama le trône (à gauche) pour lui seul.

La force royale

Minotaure signifie « le taureau de Minos ». Minos était vraisemblablement un mot minoen désignant le roi, comme c'était le cas de Ménès pour les premiers pharaons d'Égypte. Et, comme pour les pharaons, le symbole de la force royale était le taureau. Le Minotaure est le symbole du roi, et il portait un nom royal : Asterios, qui signifie « étoile ». Certaines représentations du labyrinthe montrent une étoile, et non un monstre, au centre du dédale.

Le mot « labyrinthe » vient de *labrys*, la double hache rituelle des Minoens. Cet instrument était peut-être utilisé pour sacrifier les taureaux dans des rituels religieux. Le labyrinthe apparaît sur des pièces de monnaie, des fresques et des vases minoens : c'est le tracé du chemin menant au monde souterrain. Son parcours sinueux correspond aux pas des danses rituelles en l'honneur de la grande déesse (voir p. 31). Dans son récit épique *L'Iliade* (vers 700 av. J.-C.), Homère parle de la piste de danse qui fut construite à Cnossos pour « Ariane aux beaux cheveux ». Ariane était la fille du roi Minos de Crète.

Promesse oubliée

En réponse à la mort de son fils Androgée, le roi Minos attaqua Athènes et réduisit la ville à la famine. Égée, le roi d'Athènes, accepta d'envoyer tous les neuf ans un tribut de sept jeunes gens et sept jeunes filles, tirés au sort pour être offerts en pâture au Minotaure.

Mais une année, Thésée, héritier du roi Égée, se trouva parmi les jeunes gens voués au sacrifice. Le bateau emportant les futures victimes vers la Crète avait hissé une voile noire en signe de deuil. Thésée emporta cependant une voile blanche, promettant à son père de la hisser à son retour s'il triomphait du Minotaure. Thésée vainquit le monstre, mais il oublia sa promesse. Apercevant la voile noire, Égée se jeta dans la mer.

Minos demanda à Poséidon, le dieu de la mer, de lui envoyer un grand taureau, lui promettant de le sacrifier ensuite en son honneur. Poséidon lui adressa alors un magnifique taureau blanc. Au lieu de sacrifier le taureau, Minos mit à mort un animal de moins grande valeur. Pour se venger de cette insulte, Poséidon jeta un sort à Pasiphaé, l'épouse de Minos : elle tomba amoureuse du taureau, et de leurs amours naquit le Minotaure, monstre au corps d'homme et à la tête de taureau.

Le fil d'Ariane

Fille du roi Minos et de la reine Pasiphaé, Ariane était la maîtresse du labyrinthe. Lorsque Thésée arriva en Crète, Ariane tomba amoureuse de lui. Elle demanda à Dédale, l'architecte qui avait conçu les plans du labyrinthe, de l'aider à guider le jeune héros. Sur les conseils de Dédale, elle confia une pelote de fil à Thésée, après avoir obtenu de lui une promesse de mariage. Thésée devait dévider la pelote en pénétrant dans le labyrinthe, puis la rembobiner lorsqu'il souhaiterait en sortir.

Il réussit à trouver le monstre au cœur du labyrinthe. Tous deux luttèrent, et Thésée sortit vainqueur du combat. Rembobinant la pelote de fil, il parvint à trouver la sortie.

Le héros victorieux repartit vers Athènes, en compagnie d'Ariane. Mais, insensible à l'amour de la jeune fille, il abandonna celle-ci sur l'île de Naxos.

Dieux de l'Olympe

La lutte de Zeus et des dieux de l'Olympe contre les titans (ci-dessus) est présentée comme une guerre de libération. Le concept d'*eleutheria* (liberté) correspondait à un principe essentiel pour les Grecs. Ils restaient debout quand ils priaient : s'agenouiller aurait été se comporter en esclave.

Zeus était le dieu principal des Grecs de l'Antiquité (voir p. 30-31). Il disposait d'une arme redoutable : le tonnerre. Les dieux grecs étaient censés vivre dans un royaume céleste situé au-dessus de la montagne la plus élevée de Grèce, le mont Olympe. De là, ils observaient le monde, aidant les humains ou leur créant des obstacles, au gré de leurs caprices.

Le dieu suprême

Zeus devint le dieu suprême parce qu'il réussit à sauver ses frères et ses sœurs qui avaient été dévorés par le titan Cronos, leur père. Par la suite, Zeus les entraîna dans une lutte contre les titans, qui étaient les enfants d'Ouranos, le ciel, et de Gaia, la terre.

Poséidon était le dieu de la mer. Lorsqu'il était en colère, il provoquait des tempêtes et des tremblements de terre. Poséidon conspira un jour avec Héra, Athéna et Apollon pour détrôner Zeus. Mais celui-ci fut libéré de ses chaînes par Briarée, l'un des géants-aux-cent-bras qui avaient pour mission de garder les titans dans le Tartare.

Les trois royaumes

Zeus était le plus jeune des enfants de Cronos et de Rhéa. Sa position de chef était donc difficile. Une légende raconte que Zeus et ses frères tirèrent au sort pour se partager l'univers. Zeus devint le maître des cieux, Poséidon de la mer et Hadès des enfers. Bien que la suprématie de Zeus soit rarement remise en question dans la mythologie grecque, on ne le voit jamais s'immiscer dans les affaires de Poséidon ou d'Hadès.

Un époux volage

Zeus partageait le pouvoir avec son épouse Héra, la déesse du mariage. Elle lui donna quatre enfants : Arès, le dieu de la guerre, Hébé, la déesse de la jeunesse, Ilithye, la déesse de l'enfantement, Héphaïstos, le dieu des forges.

Mais Zeus ne limita là pas sa progéniture. D'autres enfants, notamment des divinités aussi célèbres qu'Athéna (voir p. 36-37) et Apollon (voir p. 40-41) ou des héros comme Héraclès (voir p. 37), furent conçus avec des déesses, des nymphes ou de simples mortelles.

Héra fut un jour prise d'une telle rage à l'égard de cet époux infidèle qu'elle décida de le quitter. Zeus fabriqua alors une statue de femme en bois et il la présenta, enveloppée de voiles, comme sa nouvelle épouse. Héra se précipita pour frapper sa rivale. Mais, une fois les voiles ôtés, elle partit d'un tel éclat de rire qu'elle en oublia sa colère.

Le conflit le plus important entre Zeus et Héra eut lieu pendant la guerre de Troie (voir p. 42-43) : contre l'avis de son époux, Héra aida alors les Grecs à triompher.

Hadès (représenté ici avec son épouse Perséphone ; voir p. 38-39) dirigeait le royaume des morts. La plupart des occupants de ces lieux menaient une existence pénible sur la plaine monotone des Asphodèles. Seule une petite minorité jouissait de la félicité des champs Élysées, tandis que d'autres enduraient des tourments éternels dans le Tartare. Hadès était parfois appelé « le Zeus des enfers ».

Lutte contre les titans

Quand Cronos, le plus jeune des titans, s'arrogea le pouvoir, il emprisonna sous terre ses puissants frères, les trois géants-aux-cent-bras et les trois cyclopes. Une prophétie disait que Cronos serait renversé par son enfant. C'est pourquoi, chaque fois que son épouse Rhéa

accouchait, Cronos dévorait l'enfant : d'abord Hestia, puis Déméter, Héra, Hadès et Poséidon. Rhéa prit la fuite jusqu'en Crète pour donner naissance à Zeus. Ensuite, elle enveloppa une pierre dans des langes et la présenta à Cronos, qui l'avala en croyant que c'était Zeus. Lorsque celui-ci eut un peu grandi, il administra, avec l'aide de sa cousine Métis, une drogue à Cronos, qui vomit alors les enfants qu'il avait dévorés. Zeus les entraîna ensuite dans une guerre contre Cronos et les autres titans. Il libéra aussi les géants-aux-cent-bras et les cyclopes.

Zeus jeta les titans dans le Tartare – un endroit aussi éloigné en profondeur de la surface de la terre que le ciel l'est en hauteur –, où ils devaient séjourner jusqu'à la fin des temps.

* Zeus (ci-dessus)

Gardiens de la cité

Le mot grec *polis* est généralement traduit par «cité-État». Dans les cités-États grecques comme Athènes, les citoyens étaient reliés par des croyances et des buts communs. Cette unité se trouvait renforcée par les rituels et la mythologie. Chaque cité de ce type était présidée par une divinité : Athéna à Athènes, Apollon (voir p. 40-41) à Delphes, Poséidon à Corinthe, Héra à Argos… Les mythes grecs avaient une forte résonance dans ces cités, où ils s'entrelaçaient avec la vie quotidienne.

Le rêve de Platon

Selon le philosophe grec Platon (427-348 av. J.-C.), la cité idéale devait abriter 5000 habitants mâles, plus leurs familles et leurs esclaves. Cette conception lui était dictée par le mauvais exemple d'Athènes, sa ville natale, qui comptait alors plus de 40000 habitants. Un chiffre bien trop élevé pour que chaque Athénien connaisse les autres de vue, regrettait Aristote (384-322 av. J.-C.), le disciple de Platon.

Si Athéna était considérée en Grèce comme la déesse de l'intelligence et de la guerre, à Athènes elle était Athéna Polias, la divinité protectrice de la cité. Lors de la création de la ville, Poséidon et Athéna seraient, disait la légende, entrés en compétition pour ce titre. Les citoyens décidèrent alors de choisir celui qui leur apporterait le cadeau le plus utile. Poséidon frappa le sol et une source en jaillit. Athéna fit pousser un olivier. C'est elle qui fut choisie, car l'eau de la source de Poséidon était salée.

Fêtes athéniennes

Les Athéniens attribuaient à Thésée (voir p. 32-33) la transformation d'Athènes en une seule cité-État dominante. Roi d'Athènes, Thésée redéfinit le culte porté à Athéna lors des grandes fêtes des panathénées : cette cérémonie ne devait pas concerner seulement les habitants de la cité, mais aussi tous les Grecs.

Les panathénées, qui se déroulaient tous les quatre ans à la fin du mois de juillet, comprenaient des courses de chevaux, des joutes musicales et sportives, ainsi que des cérémonies religieuses. La statue d'Athéna au Parthénon, haute de 12 m, était alors revêtue d'une nouvelle robe tissée par les femmes de la cité. Cet habit était brodé de scènes mythologiques mettant en scène la déesse. La grande procession qui clôturait ces fêtes était reproduite dans des frises couvrant les murs du Parthénon. Surnommées les « marbres d'Elgin », elles se trouvent maintenant au British Museum de Londres.

Le centre du culte d'Athéna était le Parthénon (à gauche), qui fut construit sur l'Acropole vers 447 avant J.-C. Non loin de là se trouve un temple plus petit, celui d'Athéna Niké, la déesse de la victoire. C'est de là que le roi Égée se précipita dans la mer lorsqu'il crut à tort que son fils Thésée avait été tué par le Minotaure (voir p. 33).

Thésée et l'oubli

Thésée était le principal héros d'Athènes et il fut son plus grand roi. En route vers Athènes pour faire reconnaître ses droits en tant que fils du roi Égée, il accomplit des actes de bravoure qui le rendirent déjà célèbre. Par la suite, sa victoire sur le Minotaure (voir p. 32-33) constitua un de ses plus grands exploits.

Mais le plus osé fut sans doute la quête d'une nouvelle épouse. Thésée et son ami Pirithos étant devenus veufs, ils décidèrent de se marier avec des filles de Zeus. Tout d'abord, Thésée kidnappa Hélène, dont la beauté fut plus tard à l'origine de la guerre de Troie. Puis les deux héros descendirent aux enfers pour enlever la déesse Perséphone. Hadès, l'époux de celle-ci, leur proposa de s'asseoir. Ils s'aperçurent alors qu'ils étaient prisonniers des « chaises de l'oubli », qui faisaient perdre la mémoire. Ils restèrent pris au piège jusqu'au moment où Héraclès vint aux enfers pour capturer Cerbère, le chien qui gardait les lieux. Reconnaissant son cousin, Héraclès libéra Thésée. Il ne put faire de même pour Pirithos, et celui-ci resta livré à des tourments éternels.

La furie de Déméter

La légende de Déméter et de Perséphone est à l'origine des rites religieux les plus importants de la Grèce antique : les mystères d'Éleusis. Tous ceux qui étaient initiés à ces mystères pensaient qu'ils connaîtraient une vie après leur mort. Divulguer à un étranger les secrets du rituel était strictement interdit, et ce culte demeure, aujourd'hui encore, largement impénétrable. Nous savons seulement que la cérémonie d'initiation se terminait par la présentation d'un épi de blé, symbole d'immortalité et de renaissance.

Porteuse de destruction

Perséphone, qui s'appelait à l'origine Coré (la jeune fille), était la ravissante fille de Déméter, la déesse des moissons, et de Zeus (voir p. 34-35). Enlevée par Hadès (voir p. 34-35), dieux des enfers, elle disparut de la surface terrestre pour devenir la reine des morts. Perséphone signifie «porteuse de destruction», et aucun humain ne pouvait mourir si elle n'avait pas coupé l'un de ses cheveux.

Déméter fut si chagrinée par la perte de sa fille qu'elle décida d'empêcher les semailles de lever et de rendre la terre totalement stérile. Puis elle demanda à Zeus de rendre la justice. Celui-ci décréta que Perséphone pourrait rejoindre l'Olympe, mais seulement si elle n'avait absorbé aucune nourriture pendant son séjour aux enfers.

Comme Perséphone avait avalé quelques grains de grenade durant cette période, il fut décidé qu'elle resterait aux enfers pendant les mois d'hiver et ne reviendrait sur terre que lorsque le blé germerait au printemps.

Déméter est parfois représentée avec une tête de jument, par allusion à un épisode où elle et Poséidon (voir p. 34) furent transformés en chevaux. Tous deux eurent une fille, Despoena, qui est au centre des mystères d'Arcadie.

LE FAVORI

Neuf jours et neuf nuits de suite, Déméter* parcourut vainement le monde à la recherche de sa fille. Le dixième jour, elle découvrit que Hadès était responsable de l'enlèvement de Perséphone. La colère de Déméter fut si grande qu'elle refusa de regagner l'Olympe. Fuyant les autres dieux, elle fit semblant d'être une simple mortelle et fut engagée par le roi d'Éleusis pour prendre soin de son fils, Triptolème **. Souhaitant le rendre immortel, Déméter oignait l'enfant d'ambroisie pendant le jour et le plaçait dans le feu durant la nuit. Mais elle fut surprise par la mère de Triptolème, qui cria et fit ainsi échouer le plan de Déméter.

Déméter accorda néanmoins une faveur particulière à Triptolème sous la forme d'un char rempli de grains de blé et tiré par des dragons ailés. Conduisant le char dans le ciel, Triptolème répandait les grains et ensemençait ainsi la terre.

* Déméter, à l'extrême droite.
** Triptolème, au centre.

LES MYSTÈRES D'ÉLEUSIS

Selon la légende, lorsque Déméter rendit sa fertilité à la terre, elle enseigna aussi aux hommes les rituels du mystère qui devaient être célébré en son honneur. Pour les habitants d'Éleusis, ce culte unissait toute l'humanité. Il était donc ouvert aux esclaves, aux Grecs comme aux étrangers, aux hommes comme aux femmes.

Chaque année, les initiés se préparaient et se purifiaient afin de recevoir la révélation de la vie après la mort. En état de transe, ils avaient des visions sous la forme d'éclats de lumière, qui culminaient en l'apparition d'un épi de blé magique. Autre révélation importante : Perséphone aurait, aux enfers, donné naissance à un fils divin nommé Brimos, le Puissant. Ce nom paraît être une allusion à Dionysos (voir p. 31), le dieu de la vie indestructible.

Les mystères d'Éleusis furent célébrés pendant deux mille ans, mais ils s'éteignirent en 396 lorsque le lieu saint de Déméter fut mis à sac par Alaric Ier, roi des Goths (il régna de 394 à 410). Cependant, les habitants d'Éleusis continuèrent à vénérer leur déesse (à droite, entourée des objets sacrés) sous le nom de sainte Déméter, même après leur conversion au christianisme.

Le pouvoir des oracles

Lorsque le titan Cronos vomit la pierre qu'il avait avalée en croyant qu'il s'agissait de son fils Zeus (voir p. 30-31), celle-ci fut projetée à Delphes, au centre de la Grèce. Là, elle fut vénérée comme la pierre d'Omphale, le nombril du monde. Cependant le grand temple de Delphes n'est pas dédié à Zeus mais à son fils Apollon, le dieu des oracles, de la musique et des archers.

Nourri de nectar par la déesse Thémis, Apollon atteint sa taille adulte quelques jours seulement après sa naissance. Thémis avait le don de prévoir l'avenir.

L'ancien temple d'Apollon à Delphes fut incendié en 548 avant J.-C. et remplacé par un édifice plus magnifique encore. Au-dessus du portique était inscrit : « Connais-toi toi-même », une forme d'avertissement à ceux qui cherchaient la sagesse dans les paroles de la pythie. À l'intérieur du temple se trouvait la pierre d'Omphale (à droite), l'un des objets les plus sacrés de Delphes.

La pythie

Si l'on en croit la légende, quand Apollon vint à Delphes, il trouva une crevasse dans la roche gardée par Python, la fille serpent de Gaïa, la déesse de la terre. De ses flèches, Apollon tua le serpent. Puis il créa son sanctuaire où une prêtresse, la pythie, prononçait des oracles.

La prêtresse délivrait ses prophéties dans une pièce souterraine située sous le temple d'Apollon. Des recherches récentes ont montré que cet emplacement surmonte l'intersection de deux failles dans la roche calcaire. Au Ier siècle après Jésus-Christ, Plutarque (environ 45-125 apr. J.-C.), qui appartenait au collège des prêtres du temple, nota que cet espace était empli d'un gaz à l'odeur douce. Il semble que des vapeurs d'éthylène sortant des fissures provoquaient l'état de transe dans lequel la pythie énonçait ses prophéties.

Les Grecs tenaient en grande estime l'oracle du dieu égyptien Amon (voir p. 142-143), qui vivait dans une oasis du désert de Libye et qui était servi par une bonne centaine de prêtres. Ce sanctuaire reçut la visite d'Alexandre le Grand (356-323 av. J.-C.), après sa conquête de l'Égypte en 332 avant J.-C. L'oracle aurait reconnu en Alexandre (ci-dessus) le « fils d'Amon », légitimant ainsi son pouvoir.

Les lois de Sparte

On disait que les lois de Sparte avaient été dictées à Lycurgue (VIIe siècle av. J.-C. environ), le premier législateur des Spartiates, par l'oracle de Delphes. Ces lois sévères préparaient les citoyens à se consacrer au bien commun. Elles restèrent inchangées durant des siècles, et les Spartiates devinrent célèbres pour leur courage et leur sens du devoir. Tous les petits garçons et les petites filles subissaient un entraînement physique très rude, car les citoyens de Sparte étaient des soldats ; les autres tâches étaient accomplies par leurs esclaves, les hilotes.

Un livre qui coûte cher

Les Grecs anciens avaient foi dans les pouvoirs de la prophétie et beaucoup de sanctuaires lui étaient consacrés.

Un autre oracle célèbre était celui de Zeus à Dodone, en Grèce. Là, les prêtres interprétaient les prophéties divines à partir d'une source jaillissant des racines d'un chêne sacré et du bruissement des feuillages.

La plupart des oracles avaient leurs propres prêtresses, ou sibylles. La plus célèbre de toutes était la sibylle de Cumes. Elle possédait neuf livres de prophéties et elle les proposa à Tarquin le Superbe (environ 534-510 av. J.-C.), le dernier roi de Rome. Comme le prix demandé était fort élevé, Tarquin refusa. La sibylle brûla alors trois des livres et lui offrit d'acheter les six restants au même prix. Tarquin refusa à nouveau, et la sibylle brûla encore trois volumes. Craignant qu'elle ne les brûle, Tarquin acquit les trois derniers tomes au prix fixé pour les neuf livres d'origine ! Devenus l'un des trésors de Rome, ils furent malheureusement détruits lors de l'incendie du Capitole en 83 avant J.-C.

Vie éternelle

La sibylle de Cumes était jeune et belle, et Apollon tomba amoureux d'elle. Pour gagner ses faveurs, il promit de lui donner ce qu'elle demanderait. La sibylle désigna alors un tas de poussière sur le sol et dit : « Accorde-moi autant d'années de vie qu'il y a de grains dans ce tas de poussière. » Apollon exauça son vœu, mais l'arrogante jeune femme repoussa ensuite ses avances. Comme la sibylle avait oublié de préciser qu'elle voulait aussi conserver sa jeunesse, elle se dessécha tant au fil des siècles qu'elle se rabougrit et finit accrochée dans une jarre. Émus par son état, des enfants lui offrirent de l'aider. « Je veux mourir », dit-elle alors.

La guerre de Troie

L'*Iliade* (voir p. 32), poème épique écrit par Homère au VIIIe siècle avant J.-C., a pour thème la guerre de Troie. Dans son récit du siège et de la destruction de la ville de Troie (que l'on nommait aussi Ilion) au XIIIe siècle avant J.-C., Homère mêle histoire et mythologie. À cette époque précédant l'invasion dorienne qui donnera naissance à la Grèce classique, la civilisation minoenne dominait la Grèce. Pour Homère, les héros de cette guerre appartenaient donc à un passé lointain.

Hélène était la fille de Zeus et de Léda. Ses frères étaient les Dioscures, les jumeaux divins, connus chez les Romains sous les noms de Castor et Pollux. Lorsqu'Hélène fut enlevée par Thésée (voir p. 32-33, 37), les jumeaux se portèrent au secours de leur sœur.

Le poème épique d'Homère porte essentiellement sur la dernière année du siège de Troie, lorsqu'Achille tue Hector, le prince de la ville. En mourant, Hector annonce qu'Achille périra des mains de Pâris. Lorsque Achille était enfant, sa mère l'avait plongé dans le Styx, l'un des fleuves des enfers, le rendant invulnérable. Mais elle le tenait par le talon, et cette partie de son corps était restée sensible. Pâris le tua d'une flèche envoyée dans son talon. Puis Ulysse et Ajax se disputèrent l'armure d'Achille (à gauche) ; Ulysse fut le vainqueur.

La belle Hélène

L'origine de la guerre entre les Achéens et les Troyens est une dispute à propos d'Hélène, la plus belle femme du monde. Princesse spartiate, elle avait été donnée en mariage à Ménélas, le roi de Sparte. Sa sœur, Clytemnestre, avait déjà épousé Agamemnon, qui était roi de Mycènes et le frère de Ménélas.

Mais Aphrodite, la déesse de l'amour, avait promis d'offrir Hélène en récompense à Pâris, le fils du roi de Troie. Aphrodite avait une dette à l'égard de Pâris car, lors d'un concours de beauté entre trois déesses (Aphrodite, Athéna et Héra), le choix de Pâris s'était porté sur elle.

Puisqu'elle lui avait été promise, Pâris enleva Hélène et il la mena chez lui. Sous la conduite d'Agamemnon, les Achéens embarquèrent pour Troie avec une flotte très importante et ils donnèrent le siège à la ville en exigeant qu'Hélène leur soit rendue.

Dans leur combat, les Achéens bénéficiaient de l'aide d'Athéna et d'Héra, qui se sentaient insultées par le choix de Pâris.

Mon nom est personne

Après la chute de Troie, les Achéens endurèrent de terribles tourments, car ils avaient offensé de nombreuses divinités. Les déboires d'Ulysse commencèrent lorsqu'il aborda l'île des trois géants à l'œil unique, les Cyclopes.

Ulysse et ses compagnons pensaient que l'un des géants, Polyphème, leur ferait bon accueil, mais il les enferma dans sa caverne et se mit à les dévorer. Ulysse réussit à enivrer Polyphème avec un vin fort et il prétendit que son nom était « Personne ». Tandis que Polyphème dormait, écrasé par l'ivresse, Ulysse et ses compagnons plongèrent un morceau de bois dans le feu avant de l'enfoncer dans l'œil du géant.

Alertés par ses cris, ses frères interrogèrent Polyphème. Il répondit que « Personne » lui faisait mal, et les Cyclopes ne vinrent donc pas l'aider. Ulysse parvint à s'enfuir avec ses compagnons survivants, mais avant de partir il confia son véritable nom à Polyphème. Poséidon, le père de Polyphème, persécuta Ulysse pendant les dix années qui suivirent et tua tous ses compagnons.

Le camp des vainqueurs

Le siège de Troie dura dix ans. C'est une ruse imaginée par Ulysse, le prince d'Ithaque, qui permit aux Grecs d'être vainqueurs. Ulysse fit construire un grand cheval de bois. Avec d'autres guerriers, il se cacha à l'intérieur du cheval, donné en offrande à Poséidon. La flotte grecque fit mine de se retirer et, sûrs de leur triomphe, les Troyens conduisirent le cheval à l'intérieur de la ville. Le soir venu, les guerriers grecs sortirent du cheval et ouvrirent les portes de Troie à leurs alliés, s'assurant ainsi la victoire.

La princesse troyenne Cassandre, qui savait lire l'avenir, annonça que le cheval de Troie était une ruse. Mais comme elle avait repoussé les avances du dieu Apollon, elle était vouée à ne pas être écoutée.

Des dieux d'adoption

Énée, fils de la déesse Vénus, s'enfuit de Troie et finit par s'installer en Italie, sur les bords du Tibre. Lors d'une visite aux enfers, il assista à un défilé des futurs héros romains.

Conscients que leur civilisation était récente, les Romains de l'Antiquité accordaient une grande importance aux mythes fondateurs qui les reliaient aux grandes cultures du passé. Selon eux, le premier ancêtre de la civilisation romaine était Énée, un prince troyen qui échappa au sac de Troie (voir p. 42-43). Les Romains négligeaient souvent les éléments venant de leurs ancêtres, les Étrusques, au profit des liens qui les rattachaient à Troie et à la Grèce.

Ancêtres prestigieux

Les Romains adoptèrent la mythologie et l'ensemble des dieux grecs. C'est pourquoi la plupart des divinités sont connues sous deux noms différents : l'un grec, l'autre romain. Zeus (voir p. 30-31, 34-35) devint Jupiter, Héra se transforma en Junon, Poséidon (voir p. 33, 34) s'appela Neptune, Athéna (voir p. 36-37) se changea en Minerve, etc. Cependant toutes ces équivalences ne sont pas exactes, car les divinités romaines ont leur nature et leur histoire propres.

Les Romains tracèrent une lignée qui partait d'Énée, passait par les rois légendaires d'Albe la Longue pour arriver aux jumeaux Romulus et Remus. Tout de suite après la naissance des deux enfants, leur grand-oncle Amulius, roi d'Albe la Longue, ordonna qu'ils soient jetés dans le Tibre, car il craignait qu'ils le détrônent.

Romulus et Remus furent sauvés de la noyade dans le Tibre par une louve, qui les allaita. Ensuite, les jumeaux furent recueillis par un berger, Faustulus. Celui-ci leur raconta plus tard leur histoire, et les jumeaux tuèrent Amulius.

Un signe divin

Romulus et Remus échappèrent à la noyade. Devenus adultes, ils fondèrent une ville sur les bords du Tibre. Romulus escalada le mont Palatin, Remus grimpa sur l'Aventin, puis ils attendirent un signe des dieux. Remus vit six vautours, mais Romulus en aperçut douze. Romulus annonça qu'il avait été choisi par les dieux et il creusa un sillon pour matérialiser les remparts de la ville. Lorsque Remus se moqua de lui en sautant par-dessus le sillon, Romulus tua son frère.

Le rapt des Sabines

Pour peupler la ville, Romulus avait eu l'idée d'ouvrir ses portes aux hors-la-loi et aux fugitifs. Rome se remplit assez rapidement d'hommes, mais les femmes étaient absentes. Romulus décida alors d'instaurer des cérémonies, les Consualia, en l'honneur de Consus, le dieu romain des moissons. Il convia à ces fêtes le peuple des Sabins. Et, tandis que ceux-ci étaient absorbés par le spectacle des courses de chevaux, les Romains se saisirent de leurs femmes et les emportèrent. Furieux d'avoir été trompés, les Sabins partirent à l'assaut de Rome. Ils percèrent les défenses de la ville, mais le sanglant combat qui devait suivre fut interrompu par les Sabines. Elles se jetèrent entre les combattants, conjurant leurs pères sabins et leurs nouveaux maris romains de ne pas s'entretuer. Les deux camps firent donc la paix et le successeur de Romulus fut le Sabin Numa Pompilius*.

* Voir p. 48.

La date habituellement retenue pour la fondation de Rome (à gauche, le Colisée) est 753 avant J.-C. Romulus peupla la ville de hors-la-loi. Les femmes manquaient, mais le problème fut résolu par l'enlèvement des Sabines (à droite), les épouses de la tribu voisine. Après la création de la cité, Mars emporta Romulus sur son char pour en faire un dieu.

Le feu sacré

La religion romaine était centrée sur la maison et la propriété, avec le chef de famille *(pater familias)* dans le rôle du grand prêtre. La maison était sacrée, et le foyer constituait le cœur des lieux. L'entretien de cet endroit entrait dans les attributions de la femme, et elle enfouissait les braises sous la cendre tous les soirs afin que le feu dure jusqu'au matin.

Tous les éléments de la maison romaine possédaient leur propre dieu : Cardea, par exemple, était la divinité des gonds de porte. Ces divinités étaient sous l'autorité de l'esprit du foyer. Chaque maison, par ailleurs, avait ses lares (autel de lares, à gauche) et ses pénates, des esprits protecteurs qui prenaient sans doute leur origine dans le culte des ancêtres.

Les vestales

Vesta était la déesse du foyer, l'équivalent romain de la Grecque Hestia. Comme les Romains vénéraient le foyer, Vesta occupait une grande place dans la religion romaine. Ses prêtresses, les vierges vestales, étaient considérées avec un infini respect. Leur pouvoir était tel que, si elles croisaient un prisonnier, celui-ci était remis en liberté.

Choisies par le grand prêtre pour servir la déesse pendant trente années, les vestales étaient au nombre de six. Jouant un rôle important dans bien des cérémonies, elles avaient pour mission principale de veiller sur le feu sacré dans l'âtre de Vesta. Ce feu était le symbole du pouvoir éternel de Rome. S'il venait à s'éteindre, les vestales le ranimait en frottant deux bâtons l'un contre l'autre. Cette méthode était un lien avec le passé, comme la forme arrondie du temple de Vesta, qui rappelait les huttes des premiers Romains.

Dieux du garde-manger, les pénates étaient des esprits jumeaux. On leur offrait une part de chaque repas sur les flammes de l'âtre. La cité romaine avait aussi ses propres divinités, les *Penates Publici*. Protecteurs de Rome, ils auraient, selon la légende, été sauvés par Énée de l'incendie de Troie (ci-dessous).

L'Âme de Rome

Comme leur nom l'indique, les vierges vestales n'avaient pas le droit de se marier, et celle qui rompait ses vœux de virginité était brûlée vive. Selon la légende, un certain nombre de vestales furent accusées à tort d'avoir fauté, mais elles furent sauvées par l'intervention de la déesse.

Les vestales représentaient le cœur même de la cité. Pourtant, l'empereur Gratien (qui dirigea Rome de 367 à 378), opposé aux rites païens, cessa de leur verser un salaire et consacra cet argent au service postal. Théodose Ier, qui régna de 379 à 395, abolit officiellement les religions païennes en 394, et le feu de Vesta s'éteignit définitivement.

Le temple de Vesta (ruines à gauche) était un petit bâtiment circulaire du Forum, le centre de la vie romaine. Sa forme rappelait les anciennes huttes romaines, construites en bois et couvertes de chaume. Les vestales vivaient tout près de là, dans une vaste demeure entourant une cour centrale.

Claudia l'innocente

Cybèle*, la « Grande Mère », fut l'une des principales divinités étrangères introduites à Rome. La cérémonie d'accueil du bateau apportant la statue avait été minutieusement préparée. Tous les habitants de la ville, y compris les vestales, rejoignirent l'embouchure du Tibre en signe de bienvenue. Mais, en s'approchant de la rive, le bateau s'enlisa dans le sable. Les hommes eurent beau le pousser et le tirer, il demeurait immobile.

Claudia Quinta, une vestale sur laquelle couraient beaucoup de rumeurs, pénétra dans le fleuve en invoquant sa patronne : « Vesta, des bruits disent que je ne suis pas chaste. Si je suis coupable, condamne-moi et je paierai cette faute de ma vie. Mais si je suis innocente, prouve-le à l'instant même ! » Claudia détacha la ceinture qui entourait sa taille et elle l'accrocha à la corde de remorquage. Dès qu'elle eut imprimé un petit coup à la corde, le bateau se détacha de son lit de sable et flotta vers la rive.

* La statue de Cybèle (voir p. 50-51) fut transportée de Phrygie jusqu'à Rome en 204 avant J.-C.

La religion de Numa

Beaucoup de Romains de l'Antiquité mettaient en avant leurs origines rurales et rêvaient de quitter la ville pour se retirer dans une ferme à la campagne. Nombre de poèmes de l'époque célèbrent aussi la vie aux champs, et les légendes qui ont la nature pour cadre sont abondantes. L'ancienne religion agricole des tribus latines portait le nom de « religion de Numa », à cause du roi Numa qui succéda à Romulus, le fondateur de Rome (voir p. 44-45). Numa Pompilius (715-672 av. J.-C.) est le créateur de la religion romaine.

Cérès (ci-dessus), déesse de la fécondité, était souvent représentée avec une couronne d'épis de blé dans sa chevelure blonde. La légende voulait qu'elle ait découvert le grain et qu'elle ait confié à Triptolème la mission de le distribuer aux humains – un mythe similaire à celui de Déméter en Grèce (voir p. 38-39).

Divinités protectrices

Avant les semailles, les paysans romains offraient une coupe de vin et de la viande rôtie à Jupiter (voir p. 44). Avant les moissons, ils sacrifiaient une truie à Cérès et faisaient des offrandes à Jupiter et à Junon.

Jupiter et Tellus étaient les « parents sans lesquels rien ne pourrait pousser ». Bacchus portait les raisins à maturité. Robigus et Flore préservaient les arbres des maladies et leur permettaient de donner des fruits. Minerve protégeait les oliviers. Vénus était la déesse des jardins, tandis que Sterculinus fertilisait le sol de ses engrais. Quant à la Bonne Fortune, elle fournissait la chance qui permet de transformer en succès des heures de travail pénible.

Déesse des fleurs et du printemps, Flore (à gauche) aurait été, à l'origine, selon le poète Ovide (vers 43 av. J.-C.), une nymphe nommée Chloris. Zéphyr, le vent de l'Ouest, tomba amoureux d'elle et d'un baiser il la transforma en Flore qui, lorsqu'elle expirait, répandait des fleurs sur la terre entière. Pomone, elle, était la divinité des fruits. Elle avait pour époux Vertumne, dieu étrusque des saisons qui fut considéré comme le protecteur des vergers par les Romains.

Faunus et Sylvanus étaient tous deux des divinités des bois, de la chasse et de l'agriculture. Sylvanus devint un dieu des champs lorsque ses forêts furent abattues et que la terre se trouva cultivée. Faunus (ci-dessus, à droite) était un personnage plus sauvage et plus dangereux. Il était aussi un dieu des oracles et de la fertilité.

Petits et grands dieux

Les Romains possédaient aussi quantité de petits dieux de l'agriculture. À l'époque des labours, par exemple, ils priaient Vervactor, qui présidait au défrichement des jachères.

Par ailleurs, les Romains vénéraient les dieux de la nature. Faunus, le dieu latin de la forêt et du bétail, fut assimilé au Pan des Grecs. Ceux qui s'endormaient dans les bosquets sacrés de Faunus pouvaient voir l'avenir en rêve. Une autre divinité, Fauna, était présentée comme l'épouse, la sœur ou bien la fille de Faunus. Elle fut aussi identifiée à la terre et à la déesse de la fertilité Bona Dea (« la bonne déesse »), dont le culte n'était célébré que par les femmes.

Pommes d'amour

Pomone était une nymphe des bois qui adorait son verger rempli de pommiers. Un couteau à la main, elle passait son temps à tailler ou à élaguer les branches. Soucieuse de sa tranquillité, elle avait dressé une barrière tout autour de son verger afin que personne ne pût y pénétrer.

Le dieu Vertumne l'aperçut un jour et, fasciné par sa beauté, il tomba immédiatement amoureux d'elle. Chaque matin, il passait devant son verger sous un déguisement différent. Un jour, il était un moissonneur et son panier débordait d'épis ; le lendemain, il était un faneur, avec quelques brindilles de foin derrière l'oreille. Mais jamais Pomone ne lui prêtait la moindre attention.

Finalement, Vertumne prit l'aspect d'une vieille femme et il pénétra dans le verger de Pomone. Assis sous un pommier en compagnie de la nymphe, il lui recommanda d'épouser le dieu Vertumne, car celui-ci était le premier à faire pousser les pommes qu'elle aimait, et qu'il se trouvait donc le mieux placé pour la comprendre.

Les mots de Vertumne touchèrent le cœur de Pomone et, lorsqu'il reprit ses traits véritables – ceux d'un jeune homme aussi radieux que le soleil –, elle accepta de lui offrir sa main.

Divinités venues d'ailleurs

Pour les Romains, la déesse égyptienne Isis était la représentante unique de toutes les divinités. Elle était vénérée conjointement à son époux Sérapis, une forme du dieu égyptien Osiris (voir p. 144-145).

Après avoir intégré à leur culte les dieux latins ou étrusques et ceux venus de Grèce, les Romains s'intéressèrent aux divinités d'autres civilisations. Des dieux égyptiens, phrygiens, arabes et celtes se mêlèrent donc aux divinités romaines. Certains, comme Arsou, d'origine arabe, connurent une brève existence. D'autres, tels que Cybèle, la déesse mère phrygienne, furent vénérés dans tout l'empire. Élagabal, le dieu syrien du soleil, fut un temps la divinité la plus importante de Rome.

La déesse phrygienne

Cybèle était appelée la Magna Mater (la « Grande Mère ») et, comme la déesse égyptienne Isis (voir p. 144-145), elle était la mère des dieux. Initialement, elle fut la grande déesse de la Phrygie (qui correspond aujourd'hui à l'Anatolie, en Turquie). Son culte fut importé à Rome (voir p. 47) en 204 avant J.-C. parce qu'un oracle prophétisait que les envahisseurs carthaginois, sous les ordres d'Hannibal, seraient chassés d'Italie si Rome embrassait le culte de Cybèle.

Les Carthaginois furent défaits, mais Rome continua à éprouver de la défiance pour cette déesse étrangère. Jusqu'à l'avènement de l'empereur Claude (environ 41-54), un Romain ne pouvait pas être prêtre de Cybèle. Mais son culte et les danses qui l'accompagnaient se répandirent dans tout l'Empire.

La mort et la résurrection de son compagnon, Attis, étaient au cœur de la légende de Cybèle. Ce mythe correspondait en Mésopotamie à celui d'Inanna et Dumuzi (voir p. 68-69). Cybèle représentait la fertilité et la nature.

L'armée romaine était fanatiquement dévouée à Mithra (ci-dessus), le dieu du cosmos, dont les origines étaient persanes. Le mithraïsme était une religion à mystères, qui comportait sept niveaux d'initiation. L'essentiel de ses secrets est aujourd'hui perdu.
La légende voulait que Mithra ait tué un taureau, faisant jaillir par ce geste une vie nouvelle.

L'empereur romain Claude (pièce à droite) s'intéressait beaucoup à la religion phrygienne et il encouragea le culte de Cybèle (ci-dessous). Son successeur, Néron, qui régna de 54 à 68, lui préféra sa réplique syrienne, Atargatis.

Le dieu syrien

Un dieu syrien faillit dépasser tous les autres dieux romains. Il avait pour nom Élagabal, le soleil invincible. Son temple, qui se trouvait à Émèse, dans le désert syrien, contenait le bétyle d'Élagabal, une pierre noire en forme de pain de sucre censée héberger la divinité.

Le temps de la chance se présenta pour Élagabal lorsque Septime Sévère devint empereur de Rome (de 193 à 211). Marié à Julia Domna, la fille du grand-prêtre d'Élagabal, Septime Sévère avait servi dans l'armée syrienne et fait ses dévotions au sanctuaire d'Émèse.

Bassianus (204-222) succéda à Septime Sévère. Comme Bassianus était prêtre d'Élagabal et qu'il ne voulait pas quitter ses fonctions, on transporta la pierre noire (sans doute une simple météorite) du sanctuaire divin d'Émèse jusqu'à Rome.

Bassianus s'efforça d'établir Élagabal comme dieu suprême à Rome. Mais ses tentatives ne durèrent pas longtemps : effrayée par son comportement de dément, sa grand-mère le fit assassiner. Alexandre Sévère, le nouvel empereur (il régna de 222 à 235), renvoya la pierre noire à Émèse.

Bassianus décréta que le nom d'Élagabal, le soleil invincible (à droite), devait être invoqué avant celui des autres dieux. Par dérision, les Romains affublèrent leur jeune empereur du sobriquet d'« Héliogabale ».

Le chef celte

Les Celtes furent largement présents en Europe dès le début de l'âge du fer. Ce peuple belliqueux se distinguait de ses voisins slaves, italiens ou germaniques par un culte de l'héroïsme et de l'hospitalité clairement visible dans sa mythologie. Depuis leur patrie d'origine en Europe centrale, les Celtes se déplacèrent vers l'ouest, et ils mirent bientôt sous leur coupe une grande partie de l'Europe non méditerranéenne, notamment la France, où ils portaient le nom de « Gaulois ». Au IIIe siècle avant J.-C., leur domination s'étendait de l'Asie Mineure à l'est jusqu'à l'Irlande à l'ouest.

Épona (à gauche) était la déesse gauloise protectrice des chevaux. Vénérée dans tout le monde romano-celte, elle avait même sa propre fête à Rome. Toujours représentée avec un ou plusieurs chevaux, elle était associée à la fertilité et à la mort.

Les mythes irlandais

Après la victoire du Romain Jules César sur le chef gaulois Vercingétorix en l'an 52 avant J.-C., le moral des tribus celtes se trouva gravement atteint. Elles furent peu à peu repoussées vers les lisières occidentales et nordiques de leurs territoires : la Bretagne en France, le Pays de Galles, les Cornouailles et l'Écosse au Royaume-Uni, la Galice en Espagne. Seul l'isolement de l'Irlande permit à la culture celte de l'âge du fer de perdurer.

Lorsque les légendes irlandaises furent pour la première fois consignées par écrit au VIIIe siècle, la société locale était déjà profondément transformée par l'introduction du christianisme au Ve siècle et par les incursions des Vikings venus de Scandinavie dans les années suivantes.

Le royaume souterrain des Tuatha Dé Danann (« gens de la déesse Dana ») est considéré comme un lieu de paix et d'abondance. L'une de ses formes, Emain Ablach (« la terre des pommiers »), a subsisté dans la légende du roi Arthur, sous le nom du monde enchanté d'Avalon. Même si la quête du Graal est ancrée dans la symbolique chrétienne, le Graal lui-même est issu du chaudron d'abondance (à gauche) du dieu celte Dagda.

Le « dieu bon »

Nous savons peu de chose sur les mythes de la religion druidique des Celtes de France et d'Angleterre. L'une des rares divinités présentes sur nombre d'inscriptions celtes est Sucellus, dont le nom signifie « celui qui frappe fort ». Il porte un maillet et un pot, ou un chaudron.

L'équivalent irlandais de cette divinité est Dagda, le « dieu bon ». Comme Sucellus, il règne sur le temps et les moissons. Au lieu d'un maillet, il porte une énorme massue. L'une de ses extrémités tue les vivants, l'autre ressuscite les morts. Il a aussi un grand chaudron qui fournit une nourriture inépuisable à ses fidèles.

Dans la mythologie irlandaise, Dagda est l'un des chefs des Tuatha Dé Danann. Ce sont des êtres divins, supposés avoir peuplé l'Irlande avant les Celtes.

Après l'arrivée des Celtes, les Tuatha Dé Danann se réfugièrent dans l'Autre Monde. Selon la légende, Brug na Boinne (à gauche), qui correspond au site de Newgrange dans le comté de Meath, serait l'une des chambres funéraires qui servent d'entrée vers le monde magique des Tuatha Dé Danann.

Royaume éternel

Dagda, l'un des chefs des Tuatha Dé Danann, tomba amoureux de Boand. Malheureusement, elle était mariée à Elcmar, qui vivait à Brug na Boinne. Afin d'avoir Boand pour lui seul, Dagda confia une mission à Elcmar et lui jeta un sort pour qu'il ne se rende pas compte du passage du temps. Elcmar pensait n'être parti que pendant une nuit, mais en réalité il était resté éloigné pendant neuf longs mois. Pendant ce temps, Dagda et Boand avaient eu un fils, Oengus. Lorsque celui-ci fut grand, Dagda lui dit de se rendre à Brug na Boinne pour prendre le royaume d'Elcmar.

« Essaie d'obtenir, dit Dagda, qu'Elcmar te laisse diriger son royaume pendant un jour et une nuit. » Elcmar accepta de prêter son trône à Oengus. Mais lorsqu'il revint après un jour et une nuit pour reprendre son bien, Oengus refusa de le lui rendre. « Tu m'as donné le pouvoir pour un jour plus une nuit, dit-il, or l'éternité est justement de ce jour qui succède à la nuit. » Oengus conserva donc Brug na Boinne pour toujours.

L'ESSOR DES VIKINGS

Les Vikings prospérèrent en Scandinavie entre 800 et 1100. Agriculteurs habiles et créateurs de lois, ils se livraient aussi à de féroces razzias. Poussés par la surpopulation et la soif de conquête, les Vikings envahirent bientôt toute l'Europe. En 885-886, ils assiégèrent Paris et pillèrent la Bourgogne. En 911, le roi de France leur céda une région qui prit alors le nom de Normandie. De là, ils partirent un siècle plus tard à l'assaut de l'Angleterre.

LE GÉANT DE GLACE

La mythologie viking parle aussi bien de la création du monde que de sa fin ultime (voir p. 60-61). Les Vikings croyaient qu'au début des temps existaient des royaumes opposés, l'un fait de glace, l'autre de feu. Entre ces deux domaines se trouvait le Ginnungagap, « le gouffre béant ». Du royaume gelé de Niflheim partaient des cours d'eau chargés d'un poison qui, couche par couche, se déversait dans le Ginnungagap. Et de Muspell, le domaine du feu, jaillissaient des étincelles et des courants d'air tournoyants.

La rencontre entre les vents froids venus du nord et les courants d'air chauds en provenance du sud sculpta la glace empoisonnée, qui prit forme humaine. Ce fut Ymir, la première créature vivante. Pendant son sommeil, Ymir se mit à transpirer et de la sueur qui couvrait ses aisselles naquit un couple de géants de givre, les ennemis implacables des dieux vikings.

Le royaume gelé de Niflheim serait apparu bien avant la terre. En son centre jaillissait la source dénommée Hvergelmir, qui donnait naissance aux rivières empoisonnées. Ymir, le premier être vivant, fut créé à partir de la glace de ces rivières.

La création de l'humanité

Les géants de givre vivaient au point de jonction de quatre rivières de lait. Ces rivières coulaient des pis de la vache magique Audhumla, qui se trouvait dans le royaume de Niflheim. À force de lécher la glace, Audhumla fit apparaître une silhouette. Celle-ci devint Buri, le premier dieu des Vikings. La géante Bestla tomba amoureuse de Buri, et de leurs amours naquirent trois fils : Odin*, Vili et Ve, tous dieux vikings.

Exaspérés par la brutalité dont faisait preuve leur grand-père, Odin, Vili et Ve décidèrent de le tuer. Mais le déluge de sang qui se déversait des blessures d'Ymir fut si important qu'il noya tous les géants de givre, à l'exception d'une famille qui survécut en montant sur un bateau. Odin et ses frères utilisèrent alors le corps d'Ymir pour créer la terre. Son sang devint la mer, son squelette forma le ciel. Puis ils façonnèrent l'homme et la femme avec des morceaux de bois rejetés par la mer.

* Voir p. 58-59.

Les derniers barbares

Les dieux vikings sont issus des principales divinités germaniques du Ier siècle de notre ère : Wotan, le dieu des guerriers, Thor, le dieu du tonnerre. Les déesses vikings, elles, devaient beaucoup à Nerthus qui, chez les peuples germaniques, symbolisait la fécondité.

Des peuplades germaniques telles que les Angles, les Saxons, les Francs, les Vandales, les Wisigoths mirent à profit le déclin puis la chute de l'Empire romain entre les IVe et VIe siècles pour établir leurs propres royaumes. À mesure qu'ils passaient du stade de hordes de barbares à celui de grands peuples – comme les Anglo-Saxons d'Angleterre –, ils abandonnaient leurs anciennes croyances au profit du christianisme. Au VIIIe siècle, le culte de Wotan se trouva ainsi supplanté en Europe par la religion nouvelle.

Cependant, à l'extrême-nord, le culte ancien gardait son influence et l'essor des Vikings en Scandinavie peut être considéré comme le dernier souffle de l'esprit germanique d'antan.

La mythologie viking ne constituait pas une religion avec un ensemble de rituels précis. Mais les humains pouvaient faire alliance avec les différents dieux pour obtenir davantage de force, de talent ou de chance. Les sacrifices aux dieux permettaient de se gagner leurs faveurs. Le culte des dieux se pratiquait aussi bien dans les temples qu'en pleine nature.

Le Vanir et l'Aesir

Les Vikings sont souvent considérés comme un peuple sanguinaire parce que leurs expéditions soulevaient une terreur mortelle chez leurs victimes. Pourtant, c'étaient essentiellement des paysans. Très développé, leur système juridique accordait beaucoup de droits aux femmes. Ils établirent le premier parlement de l'histoire à Thingvellir, en Islande. Ce site majestueux se trouve à l'endroit où les plaques tectoniques américaine et européenne se séparent.

Althing, le parlement des Vikings, fut fondé à Thingvellir (ci-dessus) aux environs de 930. Tous les hommes libres se rencontraient en plein air deux fois par mois durant l'été. Lors de cette rencontre, ils élaboraient les lois et s'efforçaient de résoudre les conflits.

Lorsqu'il devint trop fort pour être maîtrisé, les dieux lièrent le loup Fenrir par une chaîne magique. Afin d'amadouer le loup, Tyr (à droite) introduisit sa main droite dans la gueule de l'animal. Celui-ci la lui arracha. Lors du Ragnarök, la bataille de la fin du monde, Fenrir tuera Odin et Tyr.

Guerre et paix

Les dieux de la mythologie viking se partagent entre ceux de la fertilité et de la paix et ceux de la guerre. Le Vanir (les divinités de la paix) fut vénéré en premier, le culte de l'Aesir (les dieux belliqueux) n'apparaissant que plus tard.

Une des légendes a pour thème un combat entre le Vanir et l'Aesir. Il s'achève par une trêve, mais le véritable vainqueur est l'Aesir, auquel se rallient les principaux dieux du Vanir: Njörd, dieu de la mer, ainsi que ses enfants, Freyr et Freyja, divinités de la paix et de la fertilité.

Odin, le dieu suprême, était le roi de l'Aesir. Les enfants qu'il eut avec son épouse Frigg devinrent les dieux de l'Aesir. On connaît moins bien les Asynjur, divinités féminines qui peuplaient l'Aesir, mais elles étaient apparemment vénérées au même titre que les dieux.

Loki le trickster

Loki, l'un des dieux vikings, avait la capacité de se transformer en animal et de changer de sexe. C'était une sorte de bouffon, dont les frasques tournèrent à l'aigre. Il manigança la mort de Balder et empêcha son retour à la vie : Hel, la déesse des enfers, acceptait de relâcher Balder si quelqu'un pleurait sa mort; Loki refusa de le faire.

Lors de la bataille de Ragnarök (voir p. 60-61), Loki se trouvait du côté des géants. Il eut trois enfants avec la géante Angrboda : le serpent-monde Jörmungand, la déesse du royaume des morts à la chair bleue Hel, et enfin le loup Fenrir.

Le visage gravé sur cette pierre de forgeron – protégeant l'embout du soufflet de la chaleur du four – est celui de Loki après que les nains lui eurent cousu les lèvres.

Les dupes

Thor était éperdument amoureux de Sif, sa belle épouse à la magnifique crinière d'or. Lorsque Loki eut la mauvaise idée de couper les cheveux de Sif, Thor entra dans une violente colère. Pour se racheter, Loki passa commande de trésors pour les dieux auprès des nains Brokk et Eitri, s'engageant à leur offrir sa tête s'il ne les payait pas. Brokk forga une chevelure pour Sif, ainsi qu'une lance capable d'atteindre n'importe quelle cible. Eitri réalisa un magnifique anneau d'or et un marteau pouvant abattre les pires monstres.

Les dieux se montrèrent enchantés de leurs cadeaux. Mais quand les nains comprirent que Loki n'avait pas l'intention de les payer, ils réclamèrent sa tête. Loki argumenta : s'ils lui coupaient la tête, cela abîmerait aussi son cou, or cette partie du corps ne faisait pas partie du marché. Dépités, les nains lui cousurent alors les lèvres pour l'empêcher de parler.

L'Arbre-Monde

Les Vikings croyaient que le centre de l'univers était occupé par un grand arbre nommé Yggdrasil. Cet arbre possédait trois racines : l'une poussait dans Ásgard, la cité des dieux, la deuxième dans Midgard, le domaine des hommes, et la dernière dans Niflheim, le royaume des morts. Dans la mythologie nordique, le monde des dieux et celui des hommes étaient reliés par l'arc-en-ciel Bifröst.

Yggdrasil (ci-dessus), l'Arbre-Monde, est un frêne géant. En son sommet, l'aigle Vedrfölnirhe crée les vents en battant des ailes. Le serpent Nídhögg ronge la racine de l'arbre. Quant à l'écureuil Ratatosk, il court dans l'arbre et sème la discorde entre le serpent et l'aigle.

Ygg, « le redoutable », était l'un des noms qui désignaient Odin, le dieu le plus important de la mythologie nordique.

Racines et royaumes

Chacune des racines d'Yggdrasil abritait une source. Sous celle située dans Niflheim, le royaume des morts, se trouvait la source empoisonnée qui, au début des temps, s'était déversée dans Ginnungagap, « le gouffre béant » ouvert entre le domaine de la glace et celui du feu (voir p. 54-55).

Sous la racine qui passait à Midgard, le domaine des hommes, naissait la source de la sagesse.

La dernière source, celle d'Ásgard, la cité des dieux, était gardée par trois Nornes. Nommées Urd (« Ce qui devait advenir »), Verdandi (« Ce qui est en train de se produire ») et Skuld (« Ce qui doit survenir »), ces femmes étaient dotées d'un pouvoir extraordinaire : elles tissaient non seulement le destin des hommes mais aussi celui des dieux. Elles avaient également pour mission d'arroser l'arbre Yggdrasil. L'eau se répandait ensuite sur le monde sous forme de rosée et de pluie bienfaisante.

Après leur mort, les guerriers les plus valeureux sont transportés dans le Valhöll. Ils y passent la journée à combattre sans se blesser et la nuit à festoyer en buvant de l'hydromel. Ces guerriers qui ont trouvé la mort au combat s'appellent les Einherjar. En compagnie d'Odin, ils attendent le jour où ils disputeront le combat de la fin du monde (le Ragnarök), dans lequel s'affronteront les dieux, les géants, les humains et les monstres .

Des mondes séparés

Yggdrasil plonge ses racines à l'intérieur de trois univers qui, dans la mythologie des Vikings, ont chacun une existence et une population spécifiques. Midgard, le « monde du milieu », où sont censés résider les êtres humains, sert moins souvent de décor aux légendes qu'Ásgard.

Les Valkyries étaient au service d'Odin. Ces divinités étaient chargées de choisir, sur les champs de bataille, les guerriers morts qui avaient combattu avec le plus de courage. Puis elles les conduisaient dans le Valhöll. Les Valkyries veillaient ensuite sur les Einherjar, apaisant leur faim grâce à des nourritures délicieuses ou étanchant leur soif en leur apportant de l'hydromel, comme le fait la Valkyrie ci-dessus.

Le chef des dieux

Odin occupe une place centrale dans la mythologie nordique. Dieu de la guerre, il est aussi celui de la sagesse et de la magie. Odin avait donné l'un de ses yeux pour pouvoir boire l'eau du puits de Mimir et partager ainsi le savoir de ce dieu qui détenait des vérités inconnues de tous. Pour connaître le secret des runes (un alphabet qu'utiliseront les peuples germaniques) et le transmettre aux hommes, Odin resta pendu neuf jours et neuf nuits à Yggdrasil, avec une lance planté dans le corps. Cette épreuve lui apporta une perspicacité inégalable.

Odin (ci-contre) est habituellement représenté sous la forme d'un vieil homme, borgne et doté d'une barbe importante. Au bras, il porte l'anneau Draupnir, qui se multiplie par neuf tous les neuf jours. Une épée et Gungnir, sa lance infaillible, rappellent qu'il est un dieu guerrier. Souvent, il apparaît sur son trône, une tour de guet qui domine les mondes. Il est presque toujours entouré de ses deux infatigables corbeaux, Hugin (la pensée) et Munin (la mémoire), qui lui racontent ce qu'ils ont vu et entendu en survolant l'univers.

Le crépuscule des dieux

Au Xe siècle, les Vikings païens arboraient souvent des pendentifs représentant le marteau fabuleux de Thor, qui devaient leur assurer la protection de ce dieu. Ces bijoux ressemblaient beaucoup aux crucifix portés par les chrétiens car… les orfèvres les façonnaient à partir des mêmes moules. À cette époque, bien des Scandinaves oscillaient entre le christianisme et le paganisme, comme l'Islandais surnommé Helgi le Maigre qui avouait : « Je crois au Christ, mais lorsque je prends la mer, j'invoque le dieu Thor. »

Preuve des liens unissant la foi chrétienne et la mythologie païenne, ce Jésus en croix (à droite) est sculpté au dos d'une amulette viking. Beaucoup d'auteurs ont comparé les souffrances endurées par Odin lors de sa pendaison à l'Arbre-Monde Yggdrasil (voir p. 58-59) à la Passion du Christ. De même, Loki a souvent été rapproché du diable.

Knud le Grand (ci-dessous) fut le plus puissant des rois vikings. À sa mort en 1035, il régnait sur l'Angleterre, le Danemark, la Norvège et le sud de la Suède. Il encouragea la propagation de la foi chrétienne qui, selon lui, favorisait l'unité de ses différents royaumes.

Une fin annoncée

Les Vikings adoptèrent la foi chrétienne à la fois par conviction et pour des raisons politiques ou commerciales. Le XIe siècle fut marqué par ce changement important. En Norvège, la conversion avait déjà débuté au Xe siècle. Le parlement islandais opta pour le christianisme en l'an 1000. Lorsque Knud le Grand, roi du Danemark, parvint à conquérir l'Angleterre en 1016, il se fit baptiser afin de conserver son nouveau royaume. Uppsala, en Suède, qui abritait autrefois un grand temple dédié à Odin, à Thor et à Frey (le dieu de la fertilité dans la mythologie nordique), devint le siège d'un évêché chrétien en 1164.

En 1300, la foi dans les divinités vikings ne subsistait plus que sous la forme de quelques pratiques ou superstitions isolées.

La mythologie viking avait pressenti cette disparition des dieux : la légende du Ragnarök décrivait la destruction d'Ásgard lors d'une terrible bataille où périssaient la plupart des dieux et des géants. Ensuite naissait un nouveau monde.

Ragnarök

Tous les personnages du panthéon nordique participent à la bataille finale du Ragnarök.

Dans un camp se trouvent les dieux dirigés par Odin et soutenus par les Einherjar, ces valeureux guerriers morts au combat qui attendaient dans le Valhöll. Le camp opposé compte dans ses rangs le dieu Loki, les géants qui peuplent le royaume du feu, les géants de glace, ainsi que quantité de monstres.

La plupart des dieux et des géants périssent dans ce combat. Odin est tué par le loup Fenrir et Thor par le venin du monstre marin Jörmungand. Cependant, les fils de ces dieux restent en vie, ainsi que Balder (voir p. 56-57), revenu du royaume des ténèbres. Emplis de tristesse, les survivants contemplent les pièces d'un jeu d'échecs abandonné dans l'herbe, et ils songent aux parties que les dieux aimaient à disputer avant que leur monde ne s'effondre.

Les pièces du jeu d'échecs (à gauche) découvertes en 1831 sur l'île de Lewis, au nord de l'Écosse, ont été sculptées au Moyen Âge par les Vikings dans des défenses de morse. Un autre jeu était très populaire auprès des Vikings : l'hnefatall. Il a totalement disparu aujourd'hui et, si on en retrouve des traces dans de nombreux récits, personne n'a réussi à en reconstituer les règles exactes.

Au début de la bataille de Ragnarök, deux humains nommés Lif et Lifthrasir s'étaient réfugiés dans l'arbre-monde. Lorsque le combat eut pris fin, ils quittèrent leur abri sains et saufs. C'est eux qui reconstruisirent alors un monde nouveau.

Récits de Finlande

Au cours du premier millénaire, des bardes de la zone baltique développèrent la tradition d'une poésie orale très sophistiquée. Fondés sur la mythologie, ces chants et poèmes épiques continuèrent à être récités, et modifiés, jusqu'au XIXe siècle. Elias Lönnrot, un écrivain finlandais, décida alors les consigner par écrit. Il les publia sous le titre *Kalevala*.

Väinämöinen, Ilmarinen et Lemminkäinen sont les trois héros du *Kalevala*. Dans l'un des récits, la sorcière Louhi propose de donner sa fille en mariage à celui qui lui construira un moulin capable de fabriquer autant de sel, de grain et d'argent qu'elle le désire. Ilmarinen construit le moulin magique et il épouse la fille de Louhi. Malheureusement, la jeune femme meurt bientôt tragiquement. Ilmarinen décide de reprendre le moulin, mais Louhi s'y oppose. Au cours de la dispute, le moulin tombe à la mer. Les parties fabriquant le grain et l'argent sont détruites, mais celle qui produit du sel continue à fonctionner, ce qui explique que la mer soit salée.

Précieuses larmes

L'un des poèmes du *Kalevala* conte la mésaventure des trois héros alors qu'ils naviguent vers le nord. Soudain, leur embarcation s'immobilise. En se penchant par-dessus bord, les trois amis voient que leur barque est échouée sur un brochet géant. Lemminkäinen tire son épée et en frappe violemment le poisson. Mais son épée rebondit sur l'animal, et Lemminkäinen est projeté à l'eau.

Väinämöinen réussit à repêcher son ami. Puis, avec son épée, il transperce le poisson. Avec les dents et la mâchoire du brochet, Väinämöinen confectionne un kantélé*. Lorsqu'il se met à jouer de l'instrument, tous les animaux des alentours se rassemblent autour de lui pour l'écouter. Lemminkäinen est lui-même si ému par sa musique que des larmes jaillissent de ses yeux. Bientôt, elles se transforment en perles.

* Souvent appelé « cithare finlandaise », le kantélé est le principal instrument de la musique traditionnelle finnoise.

Identité nationale

Les poèmes et les chants qui composent le *Kalevala* ont été recueillis par Elias Lönnrot (1802–1884) auprès de paysans illettrés qui se trouvaient en Carélie (une région qui couvre l'est de la Finlande et les frontières du nord-ouest de la Russie) ou bien en Ingrie, la région de Saint-Péterbourg, au sud du golfe de Finlande.

Ces poèmes apparaissaient comme une affirmation et une célébration de l'identité nationale finlandaise. De nos jours, le livre de Lönnrot remplit toujours cette fonction.

À partir du XIIe siècle, la Finlande fut une province de la Suède. Annexée par la Russie en 1819, elle devint un grand-duché de l'empire russe et, en 1917, une république enfin indépendante. Avant la publication du *Kalevala*, peu de Finlandais avaient sans doute entendu parler de Väinämöinen, le premier homme, qui était déjà vieux au moment de sa naissance, du forgeron Ilmarinen, ou de l'aventureux Lemminkäinen, toujours en quête de voyages.

Les qualités de chanteur de Väinämöinen (à droite) étaient connues de tous. Mais un jour un homme plus jeune, Joukahainen, se vanta d'être meilleur que lui. Väinämöinen se mit en colère et il plongea son adversaire dans un marais, n'acceptant de le libérer que s'il lui donnait sa sœur Aino en mariage. L'idée d'épouser un homme si âgé rebutait Aino : elle préféra se jeter dans la mer.

Le tonnerre divin

Les peuples slaves d'Europe orientale ont des origines ethniques et linguistiques communes. Leurs folklores et leurs mythologies portent aussi la marque d'un même héritage. Pourtant, on distingue trois familles à l'intérieur de la culture slave : la branche orientale, avec les Russes et les Ukrainiens ; l'australe, avec notamment les Serbes et les Slovènes ; l'occidentale, avec les Slovaques, les Polonais et les Tchèques.

Des vestiges de paganisme subsistaient dans les rituels populaires russes et ils se mêlaient aux enseignements de l'Église orthodoxe. Dans le folklore russe, saint Georges n'était ainsi pas seulement le pourfendeur du dragon; sous les traits quasi divins d'Egorii le Printemps, il était aussi celui qui rouvrait la terre après les gelées hivernales.

Trop important dans la mythologie slave pour disparaître complètement, Perun prit les traits du prophète Élie (à gauche, Élie est enlevé vers le ciel), qui est doté d'un pouvoir sur les éléments naturels. Dans un rituel qui survécut au culte officiel de Perun, une jeune fille, vêtue de simples fleurs, tournoyait au milieu des fidèles en suppliant le dieu, invoqué sous le nom d'Élie, de faire tomber la pluie.

Le bien et le mal

La mythologie slave est très fortement marquée par le dualisme : le monde y est régi par des divinités appartenant soit au bien, soit au mal. Après mille ans de christianisme, les récits slaves qui portent sur les origines continuent souvent à montrer Dieu et le Diable créant le monde de concert.

En Russie, le principal dieu des païens slaves s'appelait Perun. Dieu du tonnerre, Perun a souvent été comparé à Thor (voir p. 54-61) ou à Zeus (voir p. 34-35). Perun envoyait l'orage et les éclairs, mais aussi la pluie bienfaisante qui faisait croître les cultures. Son arbre d'élection était le chêne, peut-être parce que la foudre s'abat souvent sur ses branches.

En 988, le prince Vladimir de Kiev (956-1015) reçut le baptême chrétien. Cette date marqua un tournant fatal pour le paganisme slave.

La plupart des Slaves orientaux et bon nombre de Slaves du Sud appartiennent aujourd'hui à l'Église russe orthodoxe. Ceux de l'ouest sont pour la plupart des catholiques romains. La conversion des peuples slaves au christianisme dura du VIIIe au XIIIe siècle.

Le fouet infernal

Il y avait autrefois un jeune charpentier qui parcourait le monde en compagnie de Perkun* et du Diable. Perkun déclenchait le tonnerre pour éloigner les bêtes sauvages, le Diable chassait des animaux, le charpentier les faisait cuire. Arriva un moment où, ayant trouvé un endroit agréable, ils décidèrent de s'y installer. Tous trois construisirent une cabane, puis ils plantèrent des navets.

Cependant les trois compères s'aperçurent bientôt que quelqu'un volait leurs navets. Le Diable et Perkun montèrent la garde dans leur champ. Quand le voleur survint, il les fouetta jusqu'au sang.

Le lendemain, le charpentier commença sa garde en interprétant quelques airs sur un violon. Charmé par cette musique, le voleur, qui était en fait un méchant génie, lui demanda de lui enseigner son art. « Tu ne peux jouer du violon avec tes vilains doigts noueux, dit le charpentier. Glisse-les dans la fente de cette souche d'arbre, je vais les redresser. » Dès que le génie eut introduit ses doigts, le charpentier fit sauter le morceau de bois qui maintenait la fente ouverte. Pris au piège, le génie jura, en échange de sa libération, de ne plus jamais venir les ennuyer.

Le charpentier conserva son fouet.

Peu après, Perkun, le Diable et le charpentier décidèrent de continuer leur chemin séparément. La cabane reviendrait au plus redoutable d'entre eux. Le Diable fit alors un tel vacarme que Perkun fut saisi de convulsions. Puis Perkun envoya un tel orage que le Diable se cacha sous le lit. Quand vint le tour du charpentier, il fit claquer le fouet en imitant la voix du vilain génie. Perkun et le Diable s'enfuirent à toutes jambes, abandonnant la cabane au charpentier.

*Ce récit vient de Lituanie, où Perun portait le nom de Perkun.

Océan Arctique
Russie
Europe
Dragon
Chen-nong
Chine
Himalaya
Marduk
Gilgamesh
Brahma
Irak
Inanna
Shiva
Khupning-Knam
Portes des esprits
Nanga Baiga
Inde
Triangle d'or
Rama
Afrique
Malaisie
Tohan
Océan Indien

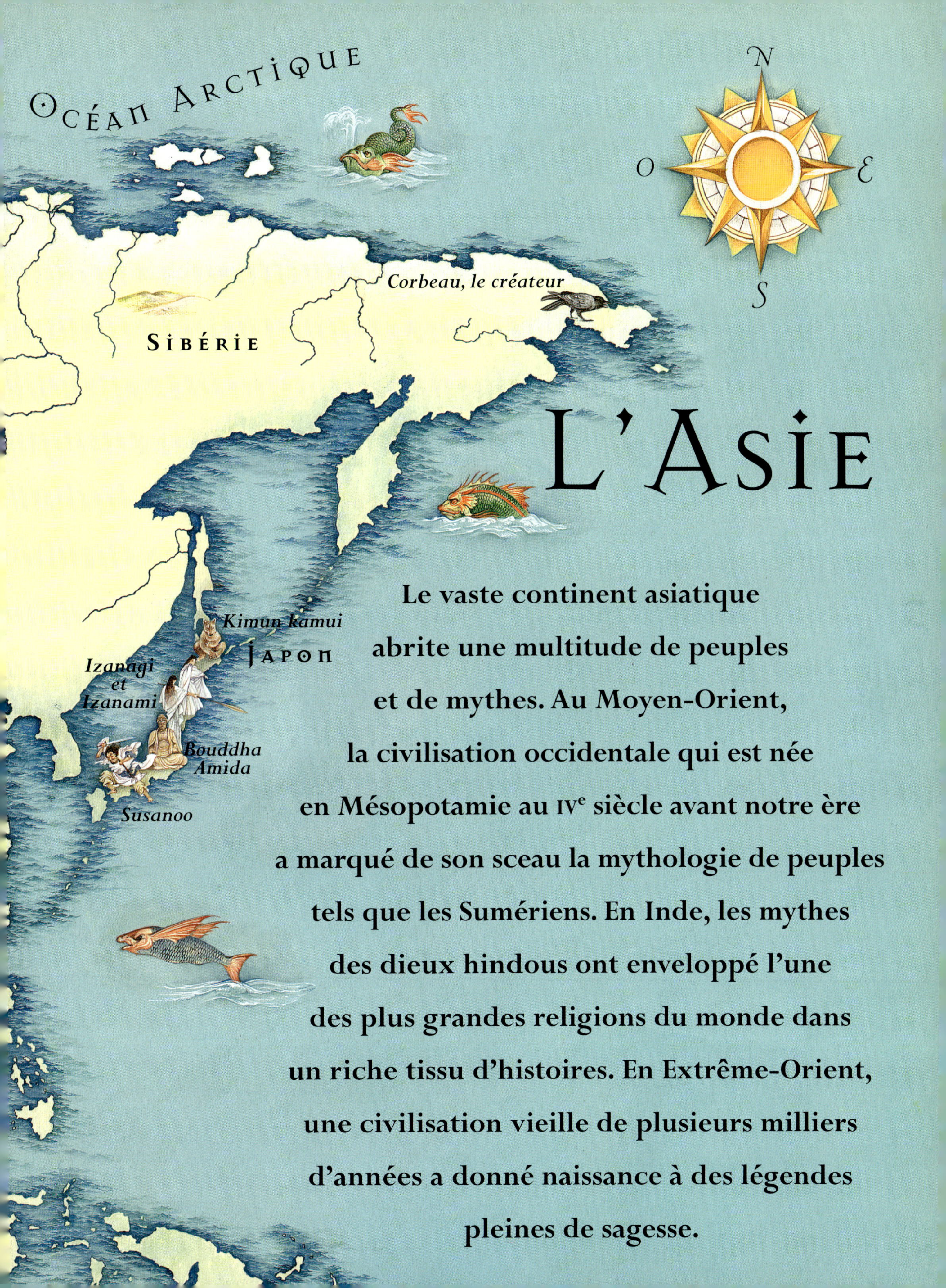

L'Asie

Le vaste continent asiatique abrite une multitude de peuples et de mythes. Au Moyen-Orient, la civilisation occidentale qui est née en Mésopotamie au IVe siècle avant notre ère a marqué de son sceau la mythologie de peuples tels que les Sumériens. En Inde, les mythes des dieux hindous ont enveloppé l'une des plus grandes religions du monde dans un riche tissu d'histoires. En Extrême-Orient, une civilisation vieille de plusieurs milliers d'années a donné naissance à des légendes pleines de sagesse.

L'ÉPOUSE DU BERGER

L'ancienne Mésopotamie, qui correspond approximativement à l'Irak actuel, est le berceau de la civilisation occidentale. Au Ve siècle avant J.-C., les Ubaidiens vinrent peupler les vallées fertiles situées entre le Tigre et l'Euphrate. En 3300, ils furent supplantés par les Sumériens, qui édifièrent pour la première fois des villes comme Uruk, la cité du dieu-roi Gilgamesh (voir p. 72-73).

Les Sumériens (ci-dessous, on voit l'un d'eux faisant ses dévotions) rêvaient d'un pays de cocagne appelé Dilmun. Dans le monde réel, la saison sèche menaçait chaque année de tranformer leur pays en un désert stérile qui, pour eux, correspondait au royaume de l'enfer.

Enlil, le principal dieu sumérien, persuada le conseil des divinités de noyer la race humaine. Enki, le dieu de l'eau, conseilla alors à Ziusudra, le roi de Sippar, de construire une embarcation. Ziusudra et sa famille survécurent ainsi au déluge.

DIEUX ET ROIS

La cité-État (comme Lagash, Uruk ou Ur) était la base de la civilisation sumérienne. Chacune des cités était placée sous la protection d'un dieu-roi qui se chargeait d'intercéder en faveur de ses sujets auprès des divinités d'un rang plus élevé. C'est dans ces villes qu'apparut, pour la première fois, l'architecture religieuse.

Après le déclin de Sumer, sa mythologie fut adoptée – et légèrement modifiée – par de nouvelles civilisations de la Mésopotamie. Les Akkadiens, les Babyloniens, les Assyriens, les Canaanéens et les Hittites rendirent ainsi un culte à des dieux qui, tout en portant des noms différents, ressemblaient beaucoup à ceux des Sumériens et avaient des histoires très similaires.

Inanna (ci-dessus) avait le pouvoir de créer et de protéger la nature. Elle était à la fois la déesse de la volupté et celle de l'amour. Elle régnait sur les hommes, la terre et les animaux. Chez les Babyloniens, Inanna prit le nom d'Ishtar.

Les sœurs ennemies

Déesse sur la terre et reine du ciel, Inanna souhaitait aussi conquérir les enfers. Mais pour cela elle devait supplanter Ereshkigal, sa sœur haïe, qui gouvernait le royaume des morts. Ereshkigal laissa Inanna pénétrer sur son territoire à condition qu'elle franchisse sept portes. Lors de chacun de ces passages, Inanna fut dépouillée d'un bijou ou d'un vêtement. Elle se présenta donc nue et sans défense devant sa sœur, qui la tua et accrocha son cadavre à un clou.

Ne la voyant pas revenir, le conseiller d'Inanna dépêcha deux émissaires aux enfers, en leur confiant la « nourriture de vie » et le « breuvage de vie ». Ils parvinrent ainsi à ressusciter Inanna. Mais, pour quitter les enfers, Inanna devait se trouver un remplaçant. Elle choisit alors Dumuzi pour occuper sa place dans le monde d'en bas. Et Dumuzi, à son tour, réussit à se faire remplacer par sa sœur pendant la moitié de l'année.

Dumuzi et la fertilité

Pour les Sumériens, la légende qui unissait Inanna, la déesse de la fertilité, au berger Dumuzi était l'assurance que le printemps reviendrait. En chaque début d'année, le roi d'Uruk et la grande prêtresse d'Inanna célébraient les épousailles du berger et de la déesse, s'assurant ainsi de riches récoltes. Cependant Dumuzi ne pouvait rester sur terre que pendant une moitié de l'année. Le reste du temps, il demeurait dans les enfers en remplacement d'Inanna. Le départ annuel de Dumuzi vers les enfers donnait aussi lieu à des cérémonies, de deuil cette fois. Son séjour dans le monde souterrain correspondait à la saison sèche en Mésopotamie.

Le mythe de Dumuzi survécut à la disparition de Sumer. En 1750 avant J.-C., un roi de Babylone appelé Hammurabi occupa et annexa toute la Mésopotamie. Dumuzi changea de nom, mais pas vraiment d'identité : dénommé alors Tammouz, il devint le dieu babylonien des récoltes et de la végétation.

Marduk triomphe

Entre 2200 et 538 avant J.-C., le royaume de Babylone prospéra dans le sud de la Mésopotamie. Ayant reçu en héritage les richesses de la fabuleuse civilisation de Sumer (voir p. 68-69), les Babyloniens étaient un peuple altier et fier. Devant la statue de Marduk, dieu tutélaire de Babylone, ils venaient psalmodier l'épopée de la création du monde. Celle-ci était indissociable de la création de Babylone, considérée comme le centre de l'univers.

Marduk avait réussi à triompher du dragon Tiamat et l'avait découpé en deux, formant ainsi le ciel et la terre. De ses yeux jaillirent deux fleuves : le Tigre et l'Euphrate (ci-dessus). Émerveillés par cet exploit, les autres dieux prirent alors Marduk pour chef.

La création de l'homme

Les rituels des Babyloniens correspondaient à leurs légendes sur la création de l'humanité. À l'origine du monde, selon eux, se trouvaient deux mers. L'une, faite d'eau douce, se nommait Apsu ; l'autre, constituée d'eau salée, avait pour nom Tiamat et prenait parfois la forme d'un énorme dragon.

Apsu, l'élément masculin, rencontra Tiamat, l'élément féminin, et de leur union naquirent les premiers dieux : Lachmu et Lachamu, puis Anu et Ea.

Mais bientôt Apsu et Tiamat, irrités par le bruit que faisaient leurs descendants, décidèrent de les tuer. Prenant les devants, Ea réussit à abattre Apsu. Courroucée par la disparition d'Apsu, Tiamat créa une armée de monstres pour le venger, et mit à sa tête Kingu, son nouvel époux.

Le jeune dieu Marduk réussira à vaincre le dragon Tiamat. Kingu, le mari de Tiamat, périra lui aussi et, à partir de son sang, Marduk créera les premiers êtres humains.

La célébration du nouvel an à Babylone avait lieu au moment de l'équinoxe du printemps. Cette période était marquée par le rappel de la victoire de Marduk sur le dragon Tiamat (à gauche). Dieu principal des Babyloniens, Marduk décidait alors du sort des astres pour l'année à venir.

La ville de Babylone

De la ville de Babylone, il ne reste plus aujourd'hui que des ruines au bord de l'Euphrate, au sud-est de la ville actuelle de Bagdad, en Irak. Pourtant, à l'époque de sa splendeur, Babylone offrait un spectacle extraordinaire. Ses fameux « jardins suspendus » constituaient l'une des sept merveilles du monde. Construits vers l'an 600 avant J.-C. par Nabuchodonosor II, roi de Babylone, qui voulait rappeler ainsi à son épouse la végétation des montagnes, ils étaient constitués de plusieurs étages en terrasses et étaient arrosés par l'eau de l'Euphrate.

Au centre de la ville se trouvait un ensemble de bâtiments religieux nommé Esagil. Un temple, dédié à Marduk, était flanqué d'une tour (ou « ziggourat ») qui permettait aux dieux de descendre parmi les hommes. La ziggourat de Babylone est, dit-on, à l'origine du mythe de la tour de Babel.

Selon la légende, Marduk aurait ravi à Kingu les tablettes de la destinée. Grâce à elles et au pouvoir qu'elles lui apportaient, il aurait créé le cosmos. Puis Marduk aurait fondé la ville de Babylone et en aurait fait sa demeure.

Le disque ailé que soutiennent ici deux créatures mi-homme mi-taureau est sans doute Shamash, le dieu soleil. Dissipant les ténèbres comme le fait l'astre solaire, Shamash était censé exposer le mal en pleine lumière. Détenteur de la justice, il venait donc naturellement inspirer les lois. Dans la légende, Shamash aide Gilgamesh et Enkidou à se débarrasser de leur ennemi, le démon Humbaba.

Rois de Babylone

Pour le peuple de Babylone, les souverains détenaient leur autorité directement des dieux. Ainsi, le roi Hammurabi (voir p. 69) affirmait que les lois inscrites dans le *Code d'Hammurabi*, qui régissait son royaume, lui avaient été dictées par Shamash, le dieu soleil.

Rédigé aux alentours de 1750 avant J.-C., ce code fut gravé dans un bloc de basalte retrouvé en Iran en 1901. Il est aujourd'hui exposé au musée du Louvre, à Paris.

Si l'on en croit la légende, la ville d'Uruk aurait été fondée par le roi Gilgamesh. La cité était plus spécialement dédiée au dieu Ano et à Ishtar, la déesse de l'amour (voir p. 68–69). Des temples leur étaient consacrés dans le centre d'Uruk.

En 2003, des archéologues allemands ont découvert, sous le désert irakien, le site de la cité d'Uruk et, pense-t-on, la tombe de Gilgamesh.

La quête de Gilgamesh

Gilgamesh est le nom qui a rencontré le plus d'écho dans les différentes civilisations babyloniennes qui se sont succédé. Ce roi aurait été pour deux tiers un dieu et, pour un tiers, un humain. Les premières légendes le concernant datent des environs de 2150 avant J.-C. Elles furent finalement réunies en un seul récit, connu sous le nom d'*Épopée de Gilgamesh*, qui fut rédigée dans la Babylonie des XVIIIe et XVIIe siècles avant J.-C. Cette mythologie se retrouve sous des formes très semblables chez les Sumériens, les Babyloniens, les Hittites et les Hourrites. L'un de ses thèmes principaux a une valeur universelle puisqu'il s'agit de la mort inéluctable, qui vient frapper tous les êtres vivants.

Violemment heurté par la mort de son meilleur ami, le roi Gilgamesh part à la recherche du secret de l'immortalité. Il finit par découvrir une plante qui a le pouvoir de transformer les vieillards en de jeunes êtres remplis de fougue. Malheureusement, sur le chemin du retour, Gilgamesh se fait voler la précieuse plante par un serpent, qui l'avale sur-le-champ. Cet épisode expliquerait pourquoi les serpents rajeunissent en changeant régulièrement de peau, tandis que les humains ne peuvent que se rider et vieillir.

Ennemis, puis amis

Lassés par l'arrogance du roi de Babylone qui essaie sans cesse de les égaler, les dieux décident de créer un adversaire tout aussi courageux et fort que lui. Fait à partir d'un morceau d'argile, ce rival nommé Enkidu affronte donc Gilgamesh en un terrible combat. De forces égales, les deux héros ne réussissent pas à se départager. Mais alors se produit un événement que les dieux n'avaient pas prévu : Enkidu et Gilgamesh reconnaissent leur valeur respective et, devenus amis, décident de poursuivre leur route ensemble.

Ils vont ainsi affronter le démon Humbaba, un géant aux dents de dragon et à la face de lion qui garde la forêt des Cèdres. Nos deux héros triomphent du monstre, mais ils vont bientôt se heurter à un ennemi plus redoutable. En effet, la déesse Ishtar est tombée amoureuse de Gilgamesh. Celui-ci ayant repoussé ses avances, elle lui envoie pour se venger le terrible Taureau céleste. Enkidu saisit la queue du taureau, Gilgamesh attrape ses cornes. Tous deux parviennent à tuer la terrible bête. L'assemblée des dieux décide alors de punir Enkidu pour sa participation au meurtre du taureau : frappé par la maladie, il meurt peu après.

L'ÊTRE SUPRÊME

Le panthéon des dieux hindous est l'un des plus riches. Des récits pleins d'action, d'aventures et de grands sentiments mettent en scène des dieux très complexes comme Brahma, le créateur, Vishnu, le protecteur, ou bien Shiva, le destructeur. Ces légendes portent en elles la subtilité et la générosité qui caractérisent l'hindouisme lui-même.

Réalisés en tissu, en papier ou en sable, les mandalas (ci-dessus), qui servent de support à la méditation, représentent symboliquement l'entourage d'une créature divine.

Écrits en sanskrit à partir de 1800 avant J.-C., les quatre *Veda* sont les livres sacrés de l'hindouisme. Ils auraient été directement inspirés par Brahma. Certains textes, comme le *Sri Bhagavata Purana* (ci-contre) qui date du XIXe siècle, sont des versions plus récentes des *Veda*.

L'HINDOUISME

L'Inde est un vaste pays qui abrite plus d'un milliard d'habitants parlant 745 langues différentes. Près de 80 % de cette population est hindouiste. Les origines de cette religion remontent à la civilisation de l'Indus (environ 2500-1500 avant J.-C.), qui honorait déjà Shiva, dieu de la création et de la destruction, et Devi, la « grande déesse ». Ces divinités furent par la suite intégrées au panthéon des dieux védiques des Aryens, qui envahirent l'Inde vers 1700 avant J.-C. Les premières légendes hindouistes furent consignées dans des textes religieux comme le *Rig Veda* entre 1800 et 1500 avant J.-C. Elles font toujours partie de la religion hindouiste actuelle.

Tous les dieux hindous sont des émanations de Brahma (petit personnage au centre de l'illustration). Les légendes attribuent à de grands dieux comme Vishnu (allongé ici sur le serpent Ananta avec son épouse Lakshmi) ou Shiva des personnalités et des actions spécifiques, mais ils ne peuvent être radicalement distingués de Brahma, le « créateur de toutes choses ». Shiva est d'ailleurs aussi célébré comme le dieu suprême, et Vishnu comme l'auteur de la création.

Brahma le grand créateur

Dans l'hindouisme, Brahma représente l'être suprême, la source de l'espace et du temps.

Chaque matin, lorsque le dieu se réveille et qu'il expire, son souffle donne naissance au monde visible. Lorsque Brahma s'endort, le monde retourne au néant.

En fait, le monde visible – notre monde – n'aurait pas d'existence réelle. Il ne serait que le produit de l'imagination de Brahma, le créateur.

Premier homme

Brahma (ci-dessus) est souvent représenté avec quatre têtes qui symbolisent son omniscience et son omniprésence. Il avait créé le premier homme, Manu, et celui-ci médita pendant 10 000 ans. Impressionné, Brahma lui proposa d'accomplir l'un de ses vœux. Manu lui dit alors : « Lorsque la fin du monde se produira, permets-moi de sauver tous les êtres vivants. »

Un jour, Manu pêcha un poisson, mais ce poisson était Matsya, l'un des avatars de Vishnu, le protecteur. S'adressant à Manu, il lui dit de construire une arche et d'y placer toutes les graines de la vie. Manu suivit ce conseil et réussit ainsi à survivre au déluge. Lorsque la tempête se fut calmée, Matsya conduisit Manu vers des terres émergées dans l'Himalaya. Manu façonna alors une femme, avec laquelle il eut des enfants, donnant ainsi naissance à l'humanité.

Fleuves sacrés

Les hindous pensent qu'un bain dans le Gange (ci-dessus) équivaut à une visite au ciel. Beaucoup de pèlerins se rassemblent donc sur les rives du fleuve, dont les eaux sont comparées à un élixir de vie.

Les hindous considèrent que les cours d'eau transportent un pouvoir sacré. Le plus important est le fleuve Gange, qui prend naissance dans les montagnes de l'Himalaya et serpente à travers l'Inde du Nord avant de se jeter dans le golfe du Bengale. Beaucoup de lieux sacrés, les *tirthas* («passages à gué»), ponctuent ses 2 507 km. Le plus célèbre est Bénarès, la ville de Shiva, vers laquelle affluent les fidèles.

Le cheval du roi Sagara (à droite) avait disparu, et ses 60 000 fils furent lancés à sa recherche. En inspectant le monde placé juste sous Palata (la Terre), ils trouvèrent le cheval en compagnie du sage Kapila. Accusé à tort de vol, Kapila réduisit en cendres les fils de Sagara d'un simple regard.

Shiva (à gauche) vit dans l'Himalaya, au sommet du mont Kailasa, avec son épouse, la déesse Parvati (à droite). Leurs deux enfants ont pour noms Skanda, le dieu de la guerre, et Ganesh, le dieu à tête d'éléphant. Ganesh est l'un des dieux les plus populaires de l'Inde. Les hindouistes l'invoquent très souvent avant de se lancer dans une action importante, car il est censé porter chance et permettre d'éviter les obstacles.

Du ciel à la terre

Le Gange et ses affluents descendent de l'Himalaya pour irriguer les cultures et permettre ainsi aux hommes de se nourrir. Dans le *Rig Veda* (voir p. 74), on pouvait déjà lire que les cours d'eau de l'Inde prennent naissance dans le ciel. Pour les hindouistes, le Gange est la manifestation terreste de la déesse Ganga.

À l'origine, Ganga coulait tranquillement sur la terre, et elle avait le pouvoir de purifier tout ce qu'elle touchait. Mais Brahma lui demanda de remonter au ciel, car les dieux avaient besoin d'elle. Alors se produit l'événement qui touche le roi Sagara présent dans l'illustration ci-dessus : il perdit son cheval et envoya ses 60 000 fils à la recherche de l'animal.

LE DIEU À TÊTE D'ÉLÉPHANT

Parvati, l'épouse de Shiva, souhaitait que personne ne la dérange pendant qu'elle prenait son bain. Elle se frotta le corps et mélangea la crasse recueillie avec de l'huile et un peu d'eau du Gange. Ainsi, elle façonna un être très beau, Ganesh. Parvati considéra qu'il était son fils et elle l'employa comme gardien.

Lorsque Shiva regagna sa demeure après avoir combattu des démons, Ganesh, qui ne le connaissait pas, l'empêcha d'entrer. Furieux, Shiva lui coupa alors la tête. Mais Parvati éclata en pleurs en découvrant le corps de son fils. Shiva trancha alors la tête du premier être vivant rencontré, un éléphant, et il la fixa sur le corps de Ganesh*.

* Ganesh aurait, dit la légende, utilisé l'une de ses défenses pour retranscrire le *Mahabharata*, un grand récit épique que lui dictait le sage Vyasa.

Ganesh (ci-dessous) ne se dépense jamais plus que nécessaire. Un jour, lui et son frère Skanda se lancèrent un défi : celui d'entre eux qui réunirait le plus de savoir sur les merveilles du monde obtiendrait Siddhi (le succès) et Buddhi (l'intelligence) en mariage. Skanda partit alors pour un très long périple. Ganesh resta chez lui et se mit à lire. Quand Skanda rentra enfin, Ganesh lui conta tout ce qu'il avait appris sur les merveilles du monde et il remporta le pari.

Accusé à tort du vol du cheval, le sage Kapila réduisit en cendres les 60 000 jeunes gens. Inquiet de ne pas les voir revenir, le roi Sagara envoya alors Amsuman, son petit-fils, à leur recherche. Celui-ci découvrit bientôt les cendres de ses oncles et s'effondra en pleurs, car il regrettait que leurs âmes ne puissent aller au paradis. Touché par cette piété, le sage Kapila lui dit de ramener Ganga sur la terre afin qu'elle purifie les cendres. Amsuman échoua dans cette mission, mais l'un de ses arrière-petits-fils y parvint avec l'aide de Shiva. Ganga est redescendue sur la terre en ruisselant à travers la chevelure de Shiva, qui l'a divisée en plusieurs affluents. Elle arrose à nouveau les terres indiennes et assure leur fertilité.

La vie de Rama

Le principal héros de la mythologie hindoue est le prince Rama. L'histoire de la quête de son épouse Sita, enlevée par le démon Ravana, est contée partout en Inde. Elle fut consignée dans l'épopée du *Ramayana*, le « parcours de Rama » (200 av. J.-C.–200 apr. J.-C.), un long poème écrit en sanskrit. Au XVIe siècle, le poète indien Tulsi Das (1541-1605) en rédigea une nouvelle version.

Rama, Sita et Lakshmana sont peints ici en compagnie de Hanuman, le général des singes, qui assista Rama dans la recherche de son épouse.

Les Thaïlandais possèdent leur propre version du *Ramayana*. Intitulé *Ramkien*, il fut rédigé à la fin du XVIIIe siècle par le roi Rama Ier (1782-1809) et il est devenu le récit épique national. Sa fin est heureuse, car Nang Seeda (Sita) resurgit de sous la terre pour devenir à nouveau l'épouse de Phra Ram (Rama, que l'on voit ci-dessous combattre l'armée des démons de Ravana).

Rama et Vishnu

Rama et ses trois frères (Bharata, Lakshmana et Shatrughna) étaient les enfants de Dasharatha, roi d'Ayodhya, et de ses trois épouses.

Inconscient dans sa jeunesse de son origine divine, Rama aurait été un avatar (autrement dit une incarnation) du dieu Vishnu. Les hindous vénèrent aujourd'hui Rama comme un dieu.

Le prince Rama tomba bientôt amoureux de Sita, la fille du roi de Videha. Elle-même était une incarnation de Lakshmi, la fidèle épouse de Vishnu.

L'armée des rakshasas

Menacé par l'une de ses belles-mères qui veut faire régner son propre fils sur le royaume d'Ayodhya, Rama part vivre dans la forêt avec son épouse Sita et son frère Lakshmana. Un jour, Sita est kidnappée par le démon Ravana. Sita prend à témoin les arbres de la forêt qu'elle est enlevée contre son gré et elle lance ses bijoux ainsi que son voile d'or à cinq singes afin que l'on puisse suivre sa trace.

Hanuman, le général de l'armée des singes, retrouve Sita et met le feu à Lanka, la ville de Ravana où se trouvent ses sujets, les démons rakshasas. Averti par Hanuman de l'endroit où son épouse est prisonnière, Rama assiège Lanka avec l'aide de l'armée des singes.

Il réussit à exterminer tous les démons, puis tue Ravana grâce à une flèche magique.

Rama ne parvenait pas à triompher du démon Ravana. Il demanda l'aide du soleil, et emprunta aussi le char d'Indra, le dieu du ciel. Puis il se lança dans la poursuite acharnée de Ravana (on voit ci-dessus le démon avec Rama et Sita). Finalement, Rama réussit à vaincre Ravana grâce à une flèche fabriquée par Brahma.

Sita en exil

Lorsque Rama eut tué le démon Ravana, le dieu Brahma lui apparut. Il annonça à Rama qu'il était un avatar de Vishnu et que sa femme était une émanation de Lakshmi. Rama et Sita retournèrent ensuite à Ayodhya.

Quelque dix mille ans plus tard, cependant, Rama entendit quelqu'un dire que sa femme avait commis l'adultère avec le démon Ravana quand celui-ci l'avait enlevée. Rama bannit alors Sita de son royaume. En exil, elle accoucha de leurs enfants, des jumeaux.

Plus tard encore, Rama aperçut ses enfants. Pris de remord, il demanda à son épouse de revenir. Mais le cœur de Sita avait été brisé et elle sombra à l'intérieur de la terre. Rama vécut encore mille ans parmi les hommes, puis il rejoignit le royaume des dieux.

Les Adivasi

Les peuples aborigènes de l'Inde sont connus sous le nom d'Adivasi. Les Baiga, qui font partie de ces peuples, habitent des zones boisées au sud-est du Madhya Pradesh, dans l'Inde du centre. Actuellement au nombre de 10 000 environ, les Baiga sont extrêmement pacifiques. La mythologie Baiga, qui est à la base du mode de vie et de la pensée de ce peuple, leur a permis de conserver une identité culturelle très vivace.

Bhagavan, le créateur, annonça aux Baiga que jamais ils ne seraient riches car, si c'était le cas, ils abandonneraient leur terre. Ce peuple est resté très pauvre mais, comme le dit l'un d'eux : « Le monde tout entier nous appartient. Le Baiga est Bhumia Raja, le seigneur de l'univers. »

Stabiliser le monde

Les Baiga pensent qu'ils sont les gardiens de la forêt depuis la nuit des temps et ils s'appellent entre eux « les fils et les filles de Dharti Mata », la terre mère. Nanga Baiga, le héros fondateur de leur civilisation, fut, selon eux, le tout premier homme. Né de Dharti Mata en personne, il fut élevé dans une bambouseraie par la Fille Bambou, qui lui offrit une hache dorée. Nanga Baigin, la première femme, naquit à ses côtés.

Nanga Baiga et Nanga Baigin jouèrent un rôle essentiel dans la création du monde. Bhagavan, le créateur, avait étalé le monde comme une sorte de crêpe. Mais celui-ci était secoué de soubresauts et refusait de rester en place. Nanga Baiga et Nanga Baigin attrapèrent quatre grands clous, puis les enfoncèrent dans la surface de la terre, l'obligeant ainsi à se stabiliser.

Nanga Baiga (à gauche ; à droite, sans doute Nanga Baigin) apprit à l'homme comment survivre. Aujourd'hui, les Baiga sont toujours considérés comme dotés de pouvoirs magiques : ils savent par exemple tenir les tigres loin des villages.

Les coutumes Baiga

Considérant qu'ils étaient des descendants de Dharti Mata, la terre mère, les Baiga s'interdisaient de lacérer son corps avec une charrue. Pour se nourrir, ils chassaient et pratiquaient la culture sur brûlis : ils coupaient les arbres sur une portion de la forêt, y mettaient le feu, puis plantaient des graines sur le sol enrichi par les cendres. Tous les trois ans, ils se déplaçaient dans une autre partie de la forêt.

À partir du milieu du XIXe siècle, les Baiga entrèrent en conflit avec l'administration qui limitait la pratique des brûlis à une réserve de 10 000 hectares sur les hauteurs des collines de Mandla, où vivent aujourd'hui la plupart des Baiga. Leurs droits sur les forêts furent aussi très sévèrement amputés. À partir de ce moment, les Baiga estimèrent que Kali Yug, l'ère des ténèbres, avait commencé.

L'arrivée du feu

À l'époque où le feu n'était pas arrivé sur la Terre et où les Baiga mangeaient encore de la viande crue, l'enfant d'un esprit tomba malade. Le fantôme consulta alors un sorcier Baiga. Après avoir réfléchi, celui-ci comprit la cause de la maladie de l'enfant et il parvint à le guérir.
Le fantôme demanda alors au sorcier comment il pouvait le récompenser. L'homme lui répondit : « Nous mangeons la viande crue, et cette nourriture nous tord les boyaux. »

Après lui avoir donné deux pots en terre et un cercle de métal, l'esprit dit au sorcier : « Empile du bois, place le cercle au milieu et les pots par-dessus : voilà la réponse à ton problème. » L'homme obéit et il fit ainsi cuire sa nourriture. Depuis, plus aucun Baiga n'a mangé d'aliments crus.

Des mythes bâtisseurs

Le peuple des Singpho compte environ 15 000 personnes, qui vivent au pied de l'Himalaya, dans l'Inde du Nord-Est. Par leur langue et leur culture, ils se rattachent aux Kachin, plus largement présents en Birmanie et dans la Chine du Sud-Ouest. Les Singpho sont bouddhistes, mais ils ont aussi conservé certaines croyances chamaniques. Quand les divinités sont en colère, les Singpho leur sacrifient des animaux.

Chants et danses

Les Singpho s'efforcent de maintenir en vie leurs spécificités culturelles, menacées par celles de communautés plus nombreuses. Chaque année, quelque 2 000 Singpho participent au Shapawng Yawng Mannau Poi. Cette fête, qui a lieu dans l'Arunachal Pradesh, célèbre leur culture et leurs ancêtres (Shapawng Yawng est le nom du premier homme) par des danses et des chants traditionnels.

Lors de fêtes qui s'étalent sur l'année entière, les Singpho font des sacrifices à leurs divinités. En avril, ils célèbrent aussi le Nouvel An bouddhique.

Faites de bois et de feuillages, les habitations des Singpho sont très proches de la première maison dont parle la légende (voir ci-contre).

Les enfants-neige

Chez les Singpho, les légendes sont toujours d'actualité. L'une d'elles conte l'origine du monde. Avant que la terre et le ciel apparaissent, il n'y avait que des nuages et de la brume. Une femme-nuage, Khupning-Knam, en naquit. Elle enfanta deux enfants-neige : une fille nommée Ningon-Chinun et un garçon appelé Tung-Kam-Waisun.

Bois et bambou

Chez les Moklum, qui vivent à proximité des Singpho le long de la frontière avec la Birmanie, on raconte que le dieu du ciel Rang créa tout d'abord une sorte d'éléphant doté d'ailes. Mais lorsqu'il descendit sur la terre, l'animal écrasa les arbres et les récoltes. Confus, Rang supprima ses ailes ; il le dota de pattes faites de racines de bananier et lui fabriqua une trompe avec un pilon.

Après que le monde eut été créé, Phan-Ningsang, l'être suprême, et le dieu du ciel Mathum-Matta partirent à sa découverte. Ayant trouvé une calebasse en forme d'homme, ils la brisèrent et des petites créatures humaines en sortirent. Au début, ces premiers hommes habitèrent avec les dieux sur le plateau du ciel, mais ils devinrent trop nombreux. Alors Mathum-Matta leur fabriqua des échelles afin qu'ils puissent descendre dans les plaines terrestres. Certains peuples utilisèrent des échelles d'argent et d'or. Les Singpho, eux, se servirent de simples échelles en bois et bambou – les matériaux qu'ils utilisent encore aujourd'hui pour construire leurs maisons.

Les légendes des Singpho sont imprégnées des paysages sauvages de l'Himalaya dans lesquels elles ont pris naissance. Aujourd'hui, le peuple des Singpho est menacé, car son territoire a été considérablement réduit.

La première maison

Ayant quitté le plateau céleste, les humains se retrouvaient sans toit. Deux hommes, nommés Kindru-Lalim et Kincha-Lali-Dam, décidèrent de demander conseil aux animaux.

L'éléphant dit : « Coupez des poteaux de bois aussi épais que mes pattes. » Le serpent suggéra : « Choisissez des cannes de bambou aussi longues et fines que moi. » Puis un poisson leur indiqua comment recouvrir la maison : « Ramassez des feuillages et déposez-les sur le toit en les faisant se chevaucher comme le font mes écailles. » Kindru-Lalim et Kincha-Lali-Dam se mirent au travail. Grâce aux conseils donnés par les animaux, ils réussirent à bâtir la toute première maison.

Sur les hauteurs

Le Triangle d'or est une région montagneuse et boisée qui couvre une partie de la Thaïlande, du Laos et de la Birmanie. Célèbre pour ses champs de pavots, cette région abrite beaucoup d'ethnies différentes, possédant chacune leur propre mythologie. Parmi les plus importantes : les Mong, les Akha et les Karen. Bon nombre de ces peuples seraient originaires du sud-ouest de la Chine.

Les Akha déplacent leur village lorsque les sols alentour sont épuisés. Mais l'installation sur un nouveau site exige l'autorisation des esprits. Les prêtres font donc tomber un œuf sur le sol : s'il se casse, cela signifie que le seigneur de la terre et de l'eau est content de voir s'établir un nouveau village ; si l'œuf reste entier, cela veut dire qu'il n'est pas d'accord.

Les peuples du Triangle d'or subissent aujourd'hui de fortes pressions. Différents facteurs comme le développement économique de leur région, le tourisme, les missions d'évangélisation et le développement du sida viennent menacer leur identité culturelle. Ils sont contraints de changer leur mode de vie, car la culture sur brûlis, considérée comme dangereuse pour la forêt, est désormais interdite. De même, la culture du pavot, que ces peuples avaient apportée de Chine, est devenue hors la loi. Aujourd'hui, 80 % de cette production aurait été remplacée par des cultures vivrières.

Le tourisme a parfois des retombées inattendues. Ainsi, la coutume de faire porter aux femmes des colliers en forme de spirale pour leur allonger artificiellement le cou (à droite) aurait sans doute disparu chez les Padaung (aussi connus sous le nom de Kayan) si les touristes ne venaient pas en foule pour photographier ces étonnantes « femmes-girafes ».

Traditions tribales

À l'heure actuelle, environ 38 000 Akha vivent en Thaïlande du Nord, 15 000 au Laos, 200 000 en Birmanie, et 250 000 dans la province du Yunnan, en Chine. On trouve aussi un million de Hani en Chine, dont la culture est étroitement liée à celle des Akha. Comme les autres ethnies, le peuple des Akha essaie de sauvegarder son mode de vie traditionnel. Comme elles aussi, il croit fortement à l'existence des esprits.

Le prêtre, ou « père », du village tient son autorité de son lien direct avec le créateur Apoe Miyeh, l'ancêtre mâle. Responsable du bien-être de sa communauté, il dirige les cérémonies religieuses et assure l'entretien des sites sacrés, comme les portes des esprits, qui barrent l'entrée du village aux esprits mauvais. Remplacées chaque année, ces portes séparent le monde des hommes de celui des esprits. Nul n'a le droit de les toucher.

Livre de la vie

Apoe Miyeh créa la terre et le ciel. De celui-ci apparurent quantité d'esprits. Le dernier d'entre eux, Sm-mi-o, créa les êtres humains. Les hommes étaient totalement ignorants, mais Apoe Miyeh confia à chacun de leurs peuples un livre dans lequel se trouvait tout ce qu'ils avaient besoin de savoir. Le livre offert aux Akha était gravé sur la peau d'un buffle. Un jour, les Akha eurent tellement faim qu'ils décidèrent de faire cuire la peau de buffle pour la manger. Depuis, ils n'ont plus jamais eu besoin de se référer aux écrits : la sagesse du créateur vit dans leur estomac.

L'œuvre de Tohan

Les populations aborigènes des forêts tropicales de la péninsule malaise sont connues sous le nom collectif de Orang Asli. Elles comprennent dix-huit groupes ethniques différents, chacun ayant sa propre langue. L'un de ces peuples de cueilleurs et chasseurs, dont le territoire est désormais la réserve de Krau Game, porte le nom de Chewong.

Les habitations traditionnelles des Chewong sont faites de bambou et couvertes de palmes. C'est dans l'une d'elles qu'aurait vécu un esprit malfaisant nommé Ya'Popag, qui avait pris la forme d'une vieille femme. Ya'Popag attira un à un tous les membres d'une famille pour les dévorer. Mais Bongso, le plus jeune des enfants, la fit brûler avant qu'elle ne le tue.

La Terre Septième

Les Chewong appellent notre planète la Terre Septième. Elle est l'œuvre de Tohan, qui a aussi créé les êtres humains. Mais les hommes salissent leur territoire. C'est pourquoi Tohan retourne de temps en temps la Terre Septième. Il prévient auparavant les peuples de la forêt, qui se transforment en fleurs et s'envolent vers la Terre Sixième. Ceux qui sont restés se noient, et la Terre Septième est recréée à neuf.

La naissance des *bas*

Tohan demanda à Nabi, son serviteur, de modeler des êtres dans l'argile pour en faire les premiers hommes. Puis Tohan confia le souffle à son serviteur afin qu'il leur donne la vie. Mais Nabi ouvrit la main, et le souffle s'échappa. Alors, les deux personnages sculptés par Nabi se transformèrent en *bas*, des génies malfaisants et sanguinaires. Sous leur forme habituelle, les *bas* seraient des créatures couvertes de poils et dotées d'yeux derrière la tête, qui dévorent la force de vie des êtres humains.

Aujourd'hui, il reste environ 300 Chewong, qui continuent à chasser et à faire la cueillette dans les forêts. Mais ils ont aussi appris l'agriculture, et font pousser du manioc, des patates douces, des poivrons, des papayes ou d'autres fruits.

La situation actuelle

Tous les Orang Asli (« hommes des origines », en malais) se trouvent maintenant sous le contrôle du gouvernement malais, qui a créé un ministère chargé de traiter les problèmes posés par ces populations. Les Orang Asli, dont font partie les Chewong, n'ont même pas la possibilité de nommer leurs propres chefs si le gouvernement central s'y oppose. Ils sont fortement incités à se fondre dans la population majoritaire des Malais et à se convertir à l'islam.

Récemment, les Orang Asli ont décidé de réagir. Craignant de perdre leurs terres traditionnelles, leur culture et leur identité, ils ont créé une association de défense de leurs droits, qui compte aujourd'hui 15 000 membres.

Les premiers fruits

Lors de sa seconde tentative, Nabi avait réussi à conserver dans sa main le souffle que Tohan, le créateur, lui avait donné. Il l'avait apporté aux êtres modelés dans la glaise, donnant ainsi vie aux premiers êtres humains.

Soucieux de leur bien-être et de l'harmonie de l'univers, Tohan avait préparé la Terre Septième pour les accueillir. Aidé par les Biasal, le peuple originel qui existait avant les êtres humains et qui vivait sur la Terre Sixième, il avait recueilli les graines des arbres fruitiers poussant sur leur territoire. Puis il avait transporté ces précieuses graines sur la Terre Septième et les avait dispersées sur le sol, afin que les hommes puissent se nourrir grâce à la cueillette des fruits.

Les Biasal, le peuple originel de suprahumains qui existe depuis toujours, enseignèrent aux premiers hommes les règles de la vie. Ils leur apprirent ainsi une loi essentielle : la nourriture doit toujours être partagée. Chez les Chewong, manger seul est considéré comme un acte dangereux et inacceptable.

Les kamuis

Le Japon est formé de quatre îles principales (Hokkaido, Honshu, Kyushu, Shikoku) et de plusieurs autres plus petites. La déesse Izanami leur aurait donné naissance, ainsi qu'aux kamuis – esprits ou puissances sacrées de la nature – qui les dirigent.

Le Japon est constitué d'une chaîne d'îles montagneuses et volcaniques. Les premiers habitants furent les Aïnu (voir p. 94-95), supplantés ensuite par les Japonais, venus sans doute de Corée. La légende raconte que Jimmu a fondé le premier empire japonais en 660 avant J.-C. Depuis, la mythologie et la culture issues du shintoïsme se sont développées et épanouies.

Un livre très ancien

Le shintoïsme a été la religion officielle du Japon jusqu'en 1945, et ses croyances restent très présentes dans la vie japonaise. Des processions religieuses ont lieu régulièrement dans le pays en l'honneur des kamuis, les divinités shintoïstes.

Izanagi et Izanami sont les plus importants des kamuis, et ils sont encore considérés comme les fondateurs de la nation. Leur histoire et celle des autres divinités sont contées dans le *Kojiki*, le plus ancien ouvrage qui nous est parvenu : il date de 712 avant J.-C.

Le dieu Fujin porte sur le dos un sac qui contient tous les vents du monde. Grâce à eux, il a dissipé les brouillards et les brumes, et révélé ainsi le monde nouveau créé par Izanami et Izanagi.

Les kamuis sont vénérés dans des temples shintoïstes à l'architecture dépouillée. Chacun d'eux comporte un portail appelé torii (ci-dessus), constitué habituellement de poteaux verticaux et d'une barre transversale.

La naissance des dieux

Au début des temps, selon la légende, le Japon constituait une masse visqueuse flottant comme une méduse. Puis des roseaux apparurent, et de là fut créé le premier kamui. Sept générations de kamuis se succédèrent avant qu'apparaissent Izanagi, divinité masculine, et Izanami, divinité féminine.

Tous deux avaient pour tâche de solidifier le monde. Debout sur le pont flottant du ciel, ils créèrent l'île mythique d'Onogoro. Puis ils descendirent sur cette île et s'y marièrent. Izanami donna alors naissance aux îles du Japon. Ensuite, elle enfanta d'autres kamuis qui allaient régner sur les îles : les divinités des mers et des fleuves, du vent, des arbres, des montagnes et des plaines. Fujin, le dieu du vent, compléta la création du Japon en dissipant les brumes qui le recouvraient et en mettant ainsi les îles au jour.

Lorsqu'elle donna naissance à Kagutsuchi, le dieu du feu, Izanami se brûla si gravement qu'elle en perdit la vie. Fou de rage et de douleur, Izanagi son époux sortit alors son épée et trancha la tête de Kagutsuchi.

Voyage en enfer

Izanagi était désespéré par la mort de son épouse. Bien qu'Izanami le lui eût interdit, il la suivit jusqu'au Yomi, le pays de la nuit et de la mort. Comme l'obscurité était totale, il cassa une dent de son peigne et l'enflamma pour éclairer son chemin. Mais lorsqu'il retrouva enfin Izanami, il s'aperçut que son corps était envahi par les asticots. Dès que la flamme les eut éclairés, les asticots se transformèrent en huit shikome (des créatures répugnantes). Horrifié, Izanagi prit la fuite, poursuivi par son épouse et les monstres. Dès qu'il eut atteint l'entrée de Yomi, il poussa un rocher devant. Arrêtée par l'obstacle, Izanami fit le vœu de se venger en tuant chaque jour mille personnes ; Izanagi, lui, promit alors de faire apparaître chaque jour 1 500 nouveau-nés.

Le premier ancêtre

Quand Izanagi, le créateur, enleva la crasse qu'il avait ramassée lors de son voyage au Yomi (voir p. 88-89), il donna naissance à une multitude de nouveaux dieux. En se nettoyant l'œil gauche, il créa Amaterasu, la déesse du soleil. En se lavant l'œil droit, il engendra Tsuki-yomi, le dieu de la lune. En se frottant le nez, il fit apparaître Susanoo, le dieu des tempêtes. Mais Susanoo ne cessait de contester le domaine d'Amaterasu, car il refusait de ne régner que sur la mer. Furieux, Izanagi décida de le bannir du royaume des cieux.

Des prières déposées devant l'autel d'Amaterasu à Ise (ci-dessus) implorent ses faveurs.

Susanoo ayant appris que la jeune Kushinada allait être dévorée par un dragon, il la transforma en peigne puis la cacha. Ensuite, il enivra le dragon et le découpa en morceaux, retransforma Kushinada en fille et l'épousa.

Le dragon ivre

Susanoo est un personnage ambivalent de la mythologie japonaise. Parfois, il est violent et destructeur. D'autres fois, c'est un être bienveillant. Lorsqu'il descendit sur la terre, le premier geste de Susanoo fut de sortir une jeune fille nommée Kushinada des griffes du dragon à huit têtes. Il enivra le dragon avec du saké, puis le découpa avec son épée. Lorsqu'il en arriva à la queue du monstre, Susanoo y trouva la lame Kusa-nagi, «l'épée qui éteint les feux d'herbe». Cette épée est désormais l'un des trois emblèmes du pouvoir impérial et elle est conservée dans le sanctuaire d'Atsuta, près de la ville de Nagoya.

Hirohito (1901-1989) fut le 124e empereur du Japon. Après l'occupation du Japon par les États-Unis à la fin de la Seconde Guerre mondiale, l'empereur renonça au caractère divin de sa charge pour n'être qu'un monarque constitutionnel.

Trésors impériaux

Amaterasu, la déesse du soleil, est considérée comme l'ancêtre de la famille impériale. En effet, selon le *Kojiki* (voir p. 88-89), elle ordonna à son petit-fils, Ninigi, de descendre sur la terre afin de la gouverner. Elle lui confia alors l'épée que son frère Susanoo avait trouvée dans la queue du dragon, le joyau Yasakani no magata, ainsi que le miroir magique. Ces trois objets devinrent les insignes sacrés de la famille impériale et furent transmis à Jimmu, le petit-fils de Ninigi, le premier empereur du Japon. Jusqu'à la Seconde Guerre mondiale, l'empereur fut donc considéré comme un dieu vivant. Le shinto était la religion nationale, et la vénération de l'empereur constituait un devoir religieux. Mais, après la capitulation du Japon en 1945, l'empereur Hirohito dut renoncer à ses prérogatives divines.

Cachés au public, les insignes impériaux sont conservés précieusement. L'épée représente la valeur, le miroir symbolise la sagesse, le joyau illustre la bienveillance.

Le sanctuaire d'Amaterasu à Ise (ci-dessus) abrite le miroir qui attira la déesse hors de la grotte où elle s'était retirée. Amaterasu est considérée comme la divinité protectrice du Japon, le pays du Soleil levant. Elle figure sur le drapeau japonais sous la forme du disque solaire.

Reflet trompeur

Susanoo profana un jour la salle du tissage sacré. Indignée, sa sœur Amaterasu décida de s'enfermer dans une grotte, dont elle ferma l'entrée par une lourde pierre. Privé de la déesse du soleil, l'univers plongea dans l'obscurité et le chaos. Pour la convaincre de revenir dans le monde, les dieux décidèrent d'organiser une grande fête à proximité de la grotte. Au milieu de leur banquet, Uzume, la déesse de l'aube, se mit à chanter et à danser. Elle tourbillonnait et ses vêtements volaient sous les exclamations des kamuis réunis près de la grotte. Curieuse de voir ce qui provoquait ce tapage, Amaterasu se glissa à l'entrée. Uzume, qui avait accroché un miroir octogonal à un arbre, cria alors qu'une nouvelle déesse, plus radieuse encore qu'Amaterasu, était venue la remplacer. Celle-ci s'approcha un peu plus et découvrit un être radieux. Quand elle comprit qu'il s'agissait de son propre reflet, il était trop tard pour retourner se cacher.

Le héros Nitta Tadatsune explora l'une des grottes sous le mont Fuji, et il eut la vision de Kannon, la déesse du pardon. Mais Sengen-Sama menaça de le tuer s'il ne quittait pas son territoire.

Montagnes sacrées

Les montagnes sont l'un des aspects de la géographie les plus remarquables du Japon. Et tout au long de l'histoire de ce pays, elles ont été considérées comme sacrées.

Selon la légende, le dieu de la montagne Oyamatsumi serait né lorsque le créateur, Izanagi, tua le dieu du feu Kagutsuchi (voir p. 89). Mais Oyamatsumi n'est pas la seule divinité à régner sur ces lieux. Il existe aussi des dieux des pentes fortes, des faibles pentes, des montagnes escarpées et des pieds de montagne. Certains reliefs ont leurs propres divinités : sur le mont Miwa vit Okuninushi, qui est à la fois le grand maître de la terre et le beau-fils de Susanoo (voir p. 90-91). Quant au mont Fuji, le plus sacré de tous, il est le domaine de la déesse Sengen-Sama.

Le mythe du mont Fuji

Au mois de juillet, un millier de fidèles escaladent le mont Fuji pour saluer l'aube et rendre hommage à la déesse Sengen-Sama. Les Japonais sont persuadés qu'elle doit être approchée avec circonspection : une légende raconte qu'elle tua les compagnons du héros Nitta Tadatsune lorsqu'ils pénétrèrent sans autorisation sur son territoire. Menacé par la déesse de subir le même sort s'il ne battait pas en retraite, Tadatsune se replia.

Le mont Fuji est un volcan endormi, et un mythe shinto raconte sa naissance. Il y a bien longtemps, un vieil homme découvrit une petite fille sur les pentes de la montagne et il la nomma Kaguyahime. En grandissant, elle devint si belle que l'empereur la prit pour épouse. Mais sept ans après, elle lui annonça qu'elle était une immortelle et qu'elle devait rejoindre les cieux. Pour le consoler, elle lui offrit un miroir, dans lequel il pourrait toujours voir son image. L'empereur tenta de suivre Kaguyahime au ciel, mais il s'arrêta au sommet du Fuji-Yama. Sa passion mit le feu au miroir, et depuis le mont n'a pas cessé de cracher de la fumée.

Inari, le dieu du riz, est présenté soit comme un homme barbu, soit comme une femme, soit comme un renard (à droite). Certains habitants des régions qui longent la mer du Japon élèvent encore des renards : pour eux, ce sont des envoyés d'Inari.

La dispute

Le mont Fuji et le mont Haku se mirent un jour à discuter pour savoir lequel des deux était le plus haut. Ils finirent par s'en remettre à l'arbitrage du bouddha Amida. Celui-ci fit passer une conduite d'eau depuis le sommet du mont Haku jusqu'au sommet du mont Fuji. Il prouva que le mont Haku était le plus haut, puisque l'eau ruisselait sur le Fuji. Furieux, celui-ci poussa violemment le mont Haku, qui se fracassa en huit pics différents. Depuis ce jour, le mont Fuji est le sommet le plus élevé du Japon.

La nourriture de base

Le ruissellement le long des montagnes vient arroser les plaines et apporte l'eau nécessaire aux rizières. Le riz a toujours été la nourriture principale des Japonais. Cette céréale pousse dans un sol submergé par l'eau.

Les premiers grains de riz – ainsi que les vers à soie, le millet, les haricots rouges, le blé et le soja – seraient nés du corps de la déesse de la nourriture, Ogetsu.

Le riz destiné au banquet du couronnement de l'empereur était planté en observant certains rites censés attirer la bénédiction des dieux. Des petits autels shintoïstes étaient construits au-dessus des rizières, et tous les instruments utilisés pour préparer le champ, le cultiver puis pour récolter le riz étaient rigoureusement neufs.

Le chant des dieux

Les Aïnu (voir p. 88-89) sont les premiers habitants du Japon. Aujourd'hui, ils constituent une population de 25 000 personnes. Axé sur la chasse et la cueillette, leur mode de vie, profondément respectueux des esprits de la nature, présente des ressemblances avec celui des Inuit du Pacifique Nord (voir p. 104-105) ou des Chukchi (voir p. 100-101). À l'heure actuelle, les Aïnu sont pour la plupart rassemblés sur l'île d'Hokkaido, au nord du Japon.

Les Aïnu prient les esprits, les kamuis. Ils répandent souvent des gouttes de vin sur les flammes pour que Fuchi, la déesse du feu, transmette leur prière à l'un des kamuis. Les chamans Aïnu (à droite) entrent parfois en transe et un dieu s'exprime alors par leur bouche.

Tous les aspects de la chasse, de la mise à mort et de la consommation d'un animal revêtent un sens spirituel très profond pour les Aïnu. Ils élèvent des oursons pour les sacrifier et les manger lors de la cérémonie d'Iyomante (à gauche). Après cette fête, le dieu ours est renvoyé chez lui avec des cadeaux qui lui apporteront la richesse et le pouvoir dans le monde des dieux. Mais, afin de s'assurer qu'il reviendra voir les hommes, le dernier chant rituel n'est pas interprété jusqu'au bout.

L'adoption d'autres cultures

Hokkaido fut la propriété exclusive des Aïnu jusqu'en 1868, date de la restauration de la dynastie Meiji. À partir de cette date, le Japon s'ouvrit aux étrangers. En 1899, les Aïnu avaient déjà perdu l'essentiel de leurs terres et de leurs droits. Il leur fallut attendre 1997 pour qu'une nouvelle législation, le Aino Shinpo, apporte des garanties concernant la préservation de leur culture et de leur langue. L'un des éléments essentiels qui ont permis aux Aïnu de survivre dans un monde hostile est leur aptitude à « rendre Aïnu » des éléments étrangers à leur culture.

S'ils ne possèdent pas de tradition écrite, les Aïnu ont une vaste culture orale. Les chants épiques, ou chants des dieux, viennent retracer les histoires des hommes et des divinités.

Point de vue divin

Les dieux Aïnu sont censés avoir une forme humaine mais, dans les légendes, ils adoptent souvent une apparence animale – comme l'ours Kimun kamui, le maître de la montagne. Les chants des dieux sont peut-être les seuls dans la littérature mondiale à être écrits à la première personne, selon le point de vue du dieu plutôt que celui des humains.

Interpréter les chants des dieux est, pour les Aïnu, l'une des manières de communiquer avec les esprits.

Chant de l'ours

Je suis l'ours, un dieu de la montagne. Un jour, ma femme décida d'aller voir les hommes. Mon amour pour elle était si fort que je décidai de la suivre en prenant l'apparence d'un ours et avec l'intention de détruire la communauté des humains. Mais une flèche venue de derrière un arbre frappa mon corps d'ours. Je tombai sur le sol. Lorsque je repris conscience, j'étais assis dans un arbre et je regardais le cadavre d'un ours allongé sur le sol en dessous des branches. Les chasseurs préparèrent le corps de l'ours, puis le rapportèrent au village. Quittant ma branche, je sautai sur le dos de l'un d'eux et il me demanda de marcher à ses côtés. Dans une maison au centre du village je fus accueilli par Fuchi, la déesse du feu, qui m'invita à entrer. Les humains festoyaient et ils m'offrirent des cadeaux, puis ils me renvoyèrent chez moi. Quelques jours après, ma femme revint, elle aussi chargée de présents. Nous invitâmes donc les autres dieux pour une grande fête.

La légende veut que, lorsqu'ils visitent le monde, les dieux se délectent à voir les hommes danser (ci-dessous) et interpréter les chants divins.

L'Iyomante (cérémonie de l'ours), vieux de centaines d'années et pourtant au cœur même de l'identité des Aïnu, a cessé d'être célébré dans bien des endroits au cours du XXe siècle.

Les déguisements

Les rituels de chasse étaient au centre de la vie des Aïnu. Lorsqu'un dieu décidait de rendre visite aux hommes, il venait déguisé en animal. Le but de ces visites était une forme de commerce. En échange de vin ou de petites statues sculptées dans le bois, le dieu donnait le corps de l'animal dont il avait pris l'aspect.

L'ours Kimun kamui choisissait le chasseur qui allait le tuer. Il renouvelait ainsi le pacte entre les dieux et les hommes.

Récits de dragons

Dotés d'un pouvoir particulier sur l'eau, les dragons étaient censés vivre dans des lacs, des rivières ou dans la mer, mais aussi dans les nuages car ils contrôlaient la pluie.

La Chine est habitée depuis l'an 3000 avant J.-C. Aujourd'hui, elle compte plus de 1,3 milliard d'habitants. La plupart des Chinois sont des Han, mais il existe aussi une cinquantaine de peuples minoritaires, avec chacun des croyances et des traditions propres. Depuis la création de la République démocratique de Chine en 1950 par Mao Zedong, la Chine est officiellement athée. Pourtant, des religions comme le taoïsme ou le bouddhisme ont encore bien des fidèles.

Une légende disait que les dragons étaient issus des carpes qui remontaient le fleuve Jaune et escaladaient par bonds successifs les hauteurs du fleuve à la porte du Dragon. Cette gorge aurait été creusée par Yu, fondateur mythique de la dynastie Xia qui dirigea la Chine de 2200 à 1700 avant J.-C. environ. Considéré comme mi-humain mi-serpent, Yu devint ensuite un homme à part entière dans la mythologie.

À demi serpent

Aujourd'hui encore, les Chinois considèrent les dragons comme des créatures bienveillantes. Des représentations en terre de dragons ou de serpents (les dragons chinois ressemblent à des serpents) étaient vénérées au IIe siècle avant J.-C., et le bouddhisme introduisit les rois-dragons des cinq points cardinaux. Bien des personnages mythiques sont en partie des serpents, comme Nugua, la fondatrice de l'humanité, déjà présente dans des récits datant du IVe siècle avant J.-C.

Zhulong, le Dragon à la Torche, possédait une tête humaine mais le corps d'un serpent écarlate. Au IVe siècle avant J.-C., on pensait que le monde s'obscurcissait lorsqu'il fermait les yeux ; quand il les rouvrait, la clarté revenait. Zhulong ne mangeait ni ne dormait jamais.

Les mythes aujourd'hui

Les mythes classiques de la Chine – comme la création de la terre par le géant originel Pan Gu (voir p. 98) – datent de plus de deux mille ans. Pourtant, ils demeurent un élément vivant du mode de pensée des Chinois d'aujourd'hui, et cela pour deux raisons. D'abord, les légendes sont pour eux une part importante de l'histoire. Ensuite, les grandes religions chinoises – le confucianisme, le taoïsme et le bouddhisme – se sont mêlées à la fois entre elles et avec la religion traditionnelle populaire, formant un limon favorable à la croissance des mythes.

Les hommes de boue

Au début existaient deux créatures : Nugua et Fu Xi. Ils possédaient une tête humaine et un corps de serpent. Ils s'entrelacèrent, formant ainsi le premier couple. Puis un jour Nugua ramassa de l'argile jaune et sculpta les premiers êtres humains. Dès qu'elle posa les petits êtres, ils se mirent à danser et à crier de joie. Le lendemain, elle traîna une branche dans la boue, puis la fit tourbillonner. Chaque éclaboussure se mua en un être humain. Mais si les hommes façonnés dans l'argile jaune devinrent riches, les hommes de boue*, eux, restèrent humbles et pauvres.

L'esprit d'eau Kung-kung et l'esprit de feu Chu-jung eurent une violente altercation, qui laissa de grands trous dans le ciel. Afin de protéger les êtres qu'elle avait créés, Nugua chauffa des pierres et s'en servit pour rapiécer les cieux. Puis elle les étaya avec les pattes d'une tortue.

* À droite, les hommes de boue d'*European Field* d'Antony Gormley, 2003.

Les divinités du peuple

Au début des temps, tout l'univers était contenu dans un œuf. De là sortit le géant Pan Gu (voir p. 97). Il sépara le ciel de la terre, puis mourut de cet effort. Son souffle devint le vent, son corps forma les montagnes, son sang se changea en cours d'eau, ses cheveux se muèrent en plantes.

Pendant plusieurs milliers d'années, c'est l'agriculture qui permit aux Chinois de se nourrir. Ils pensaient que la Terre avait été créée à partir du corps de Pan Gu, le géant originel. Lui-même était sorti de l'œuf cosmique du yin et du yang, à moitié blanc (le mâle), à moitié noir (la femelle). Les principes du masculin et du féminin restent la base du confucianisme, l'une des grandes religions chinoises (voir p. 97).

L'empoisonnement de Chen-nong

Dans la mythologie chinoise, Chen-nong, le dieu de l'agriculture, enseigna aux hommes l'art de planter et de cultiver la terre. Il était aussi le dieu des médecins et des pharmaciens. Cherchant sans cesse à améliorer son art, il expérimentait sur lui-même toutes les décoctions de plantes afin de déterminer ce qui était bénéfique et ce qui était toxique. Ce comportement lui fut fatal : Chen-nong s'intoxica soixante-dix fois de suite le même jour et l'un des poisons était si puissant qu'il lui ôta la vie.

Hou Chi, lui, était le dieu des moissons abondantes et il avait pour mission d'enseigner aux hommes tous les secrets du travail de la terre. Ses compétences et son savoir-faire auraient, dit-on, sauvé le peuple chinois de la famine.

Chen-nong, ou « divin laboureur », était le dieu de l'agriculture. C'est lui qui aurait inventé la roue ainsi que la charrue. Mais c'était aussi un spécialiste des plantes médicinales et, à ce titre, il est devenu le patron des médecins et des pharmaciens.

Dans la religion populaire, certains aspects de la divinité des moissons Hou Chi et du dieu de la terre Hou Tu fusionnaient dans le culte rendu à Chih Jih, dieu du jour. Tout le monde, y compris l'empereur, faisait des offrandes au dieu pour obtenir de bonnes récoltes. Chaque village comportait un autel – parfois tout simple, avec juste une cloche et un arbre, d'autres fois très sophistiqué, avec des dragons postés sur le toit. Quand une famille connaissait un événement heureux, une naissance par exemple, elle partageait son bonheur avec le dieu en versant un don d'« or joyeux » qui finançait une cérémonie dans le temple. Cet édifice était le point central de la vie des villages chinois.

Ayant marché dans les pas sacrés d'un dieu, Chiang Yuan découvrit peu après qu'elle était enceinte. Hou Chi, son fils, devint le dieu des moissons (ci-dessus, scène champêtre).

Yu-huang, l'« Empereur de jade » (à gauche), était considéré comme le plus important des dieux et il dirigeait une cour céleste peuplée d'une armée de petits dieux. Les empereurs de la dynastie Song (960-1279) encourageaient ce culte, qui renforçait leur propre autorité.

Dieu de la cuisine

Tsao Chun avait une bonne épouse. Pourtant il lui fut infidèle et la quitta pour une très jeune femme. Celle-ci fit son malheur. Elle finit par l'abandonner alors qu'il était devenu aveugle et n'avait plus un sou. Réduit à la mendicité, il vint par hasard demander l'aumône dans la maison de son ancienne épouse. Prise de pitié, elle lui confectionna de délicieux petits pâtés au sésame. Ayant recouvré la vue, Tsao Chun découvrit l'identité de son hôtesse. Couvert de honte, il se jeta dans le foyer de la cuisine et mourut. Mais il se transforma alors en dieu de la cuisine.

Comptes rendus divins

L'annonce des naissances et des morts était faite au temple de Chih Jih. Le dieu du jour consignait tous les événements concernant le village, puis en rendait compte au ciel ou aux enfers.

À un niveau plus modeste, Tsao Chun, le dieu de la cuisine, informait aussi les dieux de la vie de la communauté. Lors de la nouvelle année, il racontait à l'Empereur de jade ce qui s'était passé dans chaque foyer. Les Chinois affichaient des images de Tsao Chun au-dessus de leur cuisinière. Au moment du nouvel an, pour s'assurer qu'il n'irait pas rapporter des choses désagréables sur leur famille, ils recouvraient de miel la bouche du dieu. Son image était ensuite brûlée afin qu'elle s'échappe vers le ciel. Peu de temps après, les Chinois en installaient une nouvelle.

Les esprits sont partout

La province sibérienne du Chukotka forme la pointe nord-est de l'Asie. Les peuples qui vivent dans cette partie du globe – comme les Chukchi, les Koryak et les Yupik – partagent à la fois le savoir-faire qui permet de survivre dans un environnement très hostile et une mythologie où le monde réel et l'univers spirituel ne sont séparés que par l'épaisseur d'une feuille de papier.

Les Chukchi n'avaient pas accepté de leur plein gré les lois de l'Union soviétique. Sommés, dans les années 1930, de mettre en commun leurs troupeaux, beaucoup d'entre eux ont préféré abattre leurs rennes plutôt que d'obéir. Aujourd'hui, il y a environ 15 000 Chukchi, qui redécouvrent leur culture d'origine.

Selon les Chukchi, notre monde aurait possédé une seule et unique entrée, placée au milieu des montagnes. Les hommes l'ont utilisée pour arriver sur la Terre. À un moment, les rochers se sont brutalement refermés, cassant l'extrémité de l'embarcation de ceux qui étaient en train d'entrer. Voilà pourquoi les kayaks n'ont qu'un bout pointu.

Corbeau et son rocher

Les Chukotka pensent que tout ce qui est sur la Terre possède une âme et peut agir, parler et se déplacer seul. S'ils le souhaitent, les animaux sont par exemple capables de se transformer en êtres humains.

Même si, pour plusieurs générations récentes, la culture d'origine a été étouffée au profit de la culture soviétique, le monde des Chukotka demeure celui des esprits et du chamanisme.

Cet univers est inséparable de Corbeau, son créateur. Celui-ci aurait laissé tomber un rocher qui, en se fracassant, aurait donné naissance à la Terre.

L'origine de « Chukchi » est un mot signifiant « riche en rennes ». Contrairement aux Inuit, les Chukchi ne vivent pas dans des igloos, mais dans des tentes de peau appelées « iarangas ». Chaque famille possède sa propre tente. La plus grande appartient au propriétaire du troupeau de rennes.

Une légende raconte l'histoire de deux cousins. L'un d'eux, ayant perdu ses dons de chasseur, fut abandonné sur une île. Mais il survécut grâce à une baleine, qui s'échoua sur le rivage et lui permit ainsi de se nourrir. Lorsque l'autre cousin repassa près de l'île, il decendit de son canoë, étonné de découvrir le squelette du cétacé. L'homme qui était resté sur l'île prit le canoë et s'éloigna, laissant son cousin mourir à sa place.

Rituels maritimes

Les peuples du Chukotka subsistent en chassant les morses, les phoques et les baleines de la mer de Béring. Ils considèrent que ce gibier leur est offert par le maître des mers – nommé Keretkun par les Chukchi et Kasak par les Yupik –, ou bien par la maîtresse des mers, Samna (l'équivalent chez les Yupik de Sedna, la déesse Inuit, voir p. 105). La fête de Keretkun a lieu à la fin de l'automne. Lors de cette cérémonie, la divinité est représentée par une figurine et elle est incarnée par un danseur masqué. Le but de cette manifestation, la principale festivité des Chukchi, est d'assurer une chasse féconde.

Les Chukchi sculptaient des amulettes (ci-dessus, une amulette baleine) représentant les animaux qu'ils souhaitaient rencontrer lors de leurs parties de chasse. Un récipient en forme de baleine était déposé sur l'autel de la fête annuelle en l'honneur de Keretkun, le maître des mers. Il était rempli d'eau fraîche afin que les esprits viennent s'y désaltérer.

Feu salvateur

Une femme Chukchi perdit son mari. Elle coupa alors sa tête et l'apporta dans la maison de ses parents. Ceux-ci la mirent à la porte, car la tête ne cessait de rire. Puis la tête ordonna à la femme de la poser sur un feu de branches de saule. Du feu sortit l'homme, ressuscité. Le couple monta alors vers les étoiles sur un traîneau tiré par des rennes. Ils vivent là désormais. Mais lorsque, la nuit, la femme aperçoit sa maison, elle pleure, et ses larmes se muent en pluie.

Océan Arctique
Sedna
Amérique du Nord
Le dieu Corbeau
Huttes pawnee
Un chaman hupa
Le trickster Coyote
Les héros jumeaux mayas
Quetzalcoatl
Mexique
Yajval Balamil
Océan Pacifique
Shiborori
Viracocha
Amérique du Sud
Océan Atlantique
Un moai
Île de Pâques
Île de Pâques
Un phoque

L'Amérique

La topographie du continent américain fournit des paysages très divers, des glaces de l'Arctique, au nord, à la forêt tropicale humide amazonienne, au sud. Les mythes des peuples qui y vivaient à l'origine offrent également une grande variété. Les Premières Nations d'Amérique du Nord se divisent en dix grands groupes culturels selon leurs régions : Nord-Ouest, Plaines, Sud-Ouest, Californie, Grand Bassin, Plateau, Côte Nord-Ouest, Subarctique et Arctique. Les peuples sud-américains, eux aussi, forment plusieurs groupes culturels.

Un monde partagé

Les Netsilingmiut de l'Arctique canadien comprenaient plusieurs groupes nomades, qui possédaient tous leur propre zone de chasse mais avaient une culture et une mythologie communes. Leur vie quotidienne avait pour base les matières premières disponibles sur place : la neige et la glace pour bâtir les igloos, la peau d'élan et de phoque pour confectionner les vêtements, les cornes d'élan pour sculpter les outils et les armes.

Les Netsilingmiut croyaient que, comme les hommes, les animaux avaient une âme éternelle, qui devait être apaisée en se pliant à certaines règles. Des amulettes contenant des esprits étaient censées leur porter chance et les protéger des fantômes. Pour eux, le monde était plein d'esprits dangereux, fantômes d'êtres humains ou d'animaux n'ayant pas trouvé la paix après leur mort (ci-dessus, un chasseur regagne son igloo).

Anciennes coutumes

Le monde des Netsilingmiut était partagé en deux : la terre et la mer. Fidèles à leurs traditions, ils vivaient uniquement de chasse et de pêche, chassant les phoques et d'autres mammifères marins en hiver et au printemps, les élans et d'autres mammifères terrestres durant l'été et l'automne.

Leur société ne comportait pas de hiérarchie, pas de chef. Les personnes les plus âgées de chaque groupe discutaient de manière informelle et elles se mettaient d'accord sur toutes les questions qui concernaient la communauté.

La société de ces Inuit étaient aussi liée par la coutume, strictement respectée, du partage du produit de la chasse.

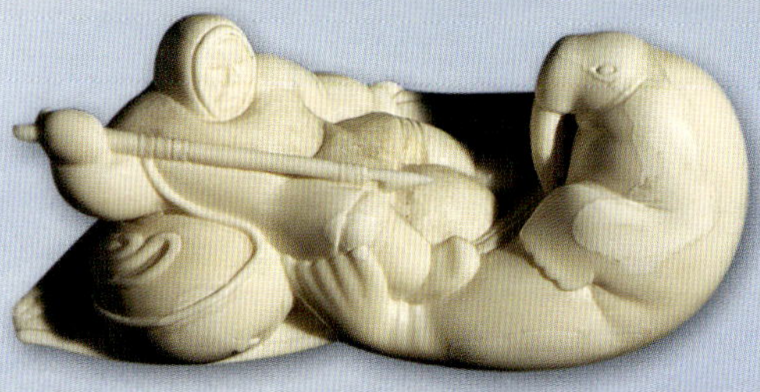

Aujourd'hui, les Netsilingmiut ne sont plus nomades. Ils occupent trois villages du plus récent des territoires canadiens, le Nuvanut (« notre terre », en netsilingmiut). Ils disposent d'écoles, de dispensaires, d'électricité et de services de ramassage des ordures. Ils chassent l'élan en motoneige, et l'artisanat est devenu une source de revenu importante (ci-dessus, sculpture de scène de chasse). Le Nuvanut couvre quasiment un cinquième de la superficie du Canada.

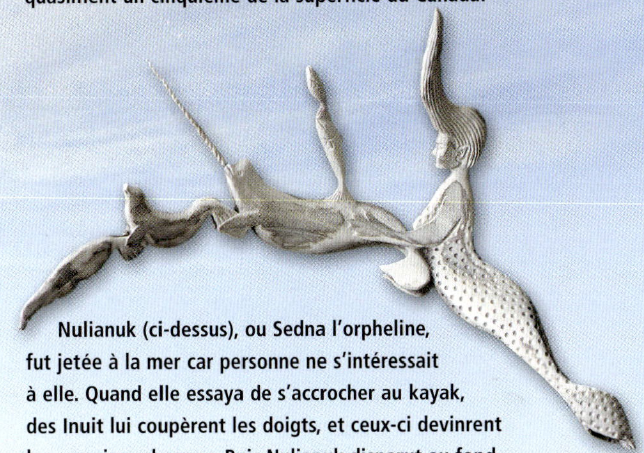

Nulianuk (ci-dessus), ou Sedna l'orpheline, fut jetée à la mer car personne ne s'intéressait à elle. Quand elle essaya de s'accrocher au kayak, des Inuit lui coupèrent les doigts, et ceux-ci devinrent les premiers phoques. Puis Nulianuk disparut au fond des eaux.

Vies animales

Il y a très longtemps vivait un grand chaman qui souhaitait savoir ce que c'était que d'être un animal. Alors il se fit renaître sous la forme d'un ours. C'était une vie fatigante, car les ours ne cessent pas de marcher, même la nuit. Puis il devint phoque, et trouva cela très amusant, car les phoques jouent en permanence dans les vagues. Ensuite il devint loup, et faillit mourir de faim avant que les autres loups prennent pitié de lui et lui apprennent à courir après les élans. Plus tard il se transforma en bœuf musqué, et savoura la chaleur qui règne au cœur des grands troupeaux. Enfin il devint élan, et il eut peur tout le temps. C'est ainsi que le chaman étudia les animaux, et il enseigna aux Netsilingmiut ce qu'il avait appris.

Les angatkuts, les grands chamans (sculpture d'angatkut, ci-contre), faisaient le lien entre le monde des esprits et celui des humains.

Divinités Netsilingmiut

Les Netsilingmiut avaient trois dieux principaux : Nuliayuk (ou Sedna), mère des animaux marins, vivait au fond de l'océan ; Nârssuk (ou Sila), le bébé géant, était le maître du vent, de la neige et de la pluie ; Tatqiq, l'homme de la lune, nourrissait grâce au produit de sa chasse les âmes des morts dans le village de l'éternel retour. Toutes ces divinités étaient connues des autres groupes inuit.

La vie des Netsilingmiut a changé du tout au tout depuis un siècle. Cela est dû d'une part à des décisions gouvernementales, d'autre part au commerce de la fourrure et à l'installation d'églises missionnaires. De 1930 à 1940, la plupart des Netsilingmiut se sont convertis au christianisme. Cette conversion massive a entraîné le rejet du système de tabous issus de leur ancienne croyance en un univers des esprits. Le chamanisme a donc disparu. Cependant, l'amélioration des conditions de vie a fait baisser la mortalité infantile, et la population est passée de 259 personnes en 1923 à plus de 2 000 aujourd'hui.

ANCÊTRES

Les Nuxalk occupaient autrefois plusieurs villages dans la vallée de Bella Coola, au milieu d'une région accidentée et montagneuse de la Colombie-Britannique, au Canada, à 120 km de l'océan Pacifique. Ils vivent aujourd'hui dans un unique village sur la rive sud du fleuve Bella Coola. Comme d'autres Amérindiens de la côte nord-ouest, ils ne pratiquent pas l'agriculture, mais vivent de pêche, de chasse et de cueillette.

Alquntam (à gauche), le dieu suprême des Nuxalk, créa quatre menuisiers. Ils sculptèrent le monde, les fleurs, les animaux et les premiers êtres humains. Chacun des humains choisit une « cape » d'oiseau ou de mammifère parmi celles qui étaient accrochées dans la Maison des mythes, et descendit ainsi sur terre.

Richesses partagées

La vie des Nuxalk était rythmée par de nombreuses cérémonies. Le potlatch, l'une des plus importantes, permettait au chef d'affirmer son statut en offrant des objets de valeur. Les premiers potlatchs auraient été organisés par les ancêtres mythiques, après leur descente sur terre, pour montrer la prospérité qu'ils avaient acquise sur les territoires des Nuxalk. Les potlatchs furent interdits entre 1884 et 1951 par le gouvernement canadien, qui estimait que cette coutume empêchait les Nuxalk de se « civiliser ».

Souvent montées sur pilotis pour éviter d'être inondées, les maisons nuxalk sont construites en bois de cèdre rouge (en arrière-plan). Leur façade est habituellement décorée de la « cape » du propriétaire, une représentation de la forme animale adoptée par les tout premiers ancêtres de la famille lorsqu'ils descendirent sur la terre.

La ruse de Corbeau

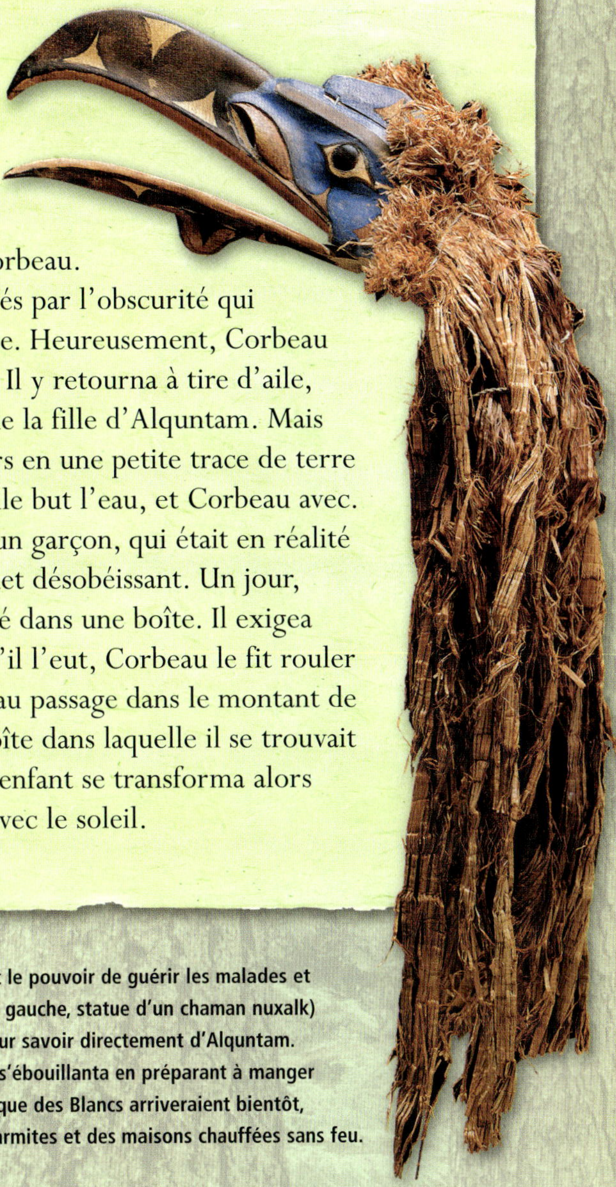

Au début des temps, Alquntam créa les ancêtres de l'humanité dans la Maison des mythes, et demanda à chacun sous quelle forme il souhaitait descendre sur terre. Les plus intelligents choisirent de prendre la forme d'un corbeau.

Quand les ancêtres arrivèrent sur terre, ils furent horrifiés par l'obscurité qui y régnait ; on n'apercevait qu'une sorte de pâle clair de lune. Heureusement, Corbeau se souvint avoir aperçu le soleil dans la Maison des mythes. Il y retourna à tire d'aile, se changea en grain de poussière et s'installa dans la tasse de la fille d'Alquntam. Mais celle-ci souffla sur la poussière. Corbeau se transforma alors en une petite trace de terre flottant sur l'eau. Cette fois, son stratagème fonctionna : elle but l'eau, et Corbeau avec.

Le temps passa et la fille d'Alquntam donna naissance à un garçon, qui était en réalité Corbeau. En quelques semaines, il était devenu un garçonnet désobéissant. Un jour, il entrevit le soleil, accroché sous le toit et à demi dissimulé dans une boîte. Il exigea qu'on lui donne un jouet brillant. Dès qu'il l'eut, Corbeau le fit rouler vers l'extérieur. Le soleil se cogna au passage dans le montant de la porte, ce qui fit éclater la boîte dans laquelle il se trouvait et qui voilait sa lumière. L'enfant se transforma alors en corbeau et s'envola avec le soleil.

Certains Nuxalk acquirent le pouvoir de guérir les malades et devinrent des chamans (à gauche, statue d'un chaman nuxalk) Quelques élus reçurent leur savoir directement d'Alquntam. Un chaman en formation s'ébouillanta en préparant à manger et Alquntam lui annonça que des Blancs arriveraient bientôt, avec d'extraordinaires marmites et des maisons chauffées sans feu.

Une culture unique

Depuis un siècle, l'économie nuxalk a changé. Les métiers les plus courants sont aujourd'hui ceux de la pêche et de l'exploitation forestière. Parallèlement, les vastes habitations d'antan, qui abritaient des familles étendues, ont été remplacées par des maisons modernes occupées par des familles nucléaires (parents et enfants).

La plupart des Nuxalk sont désormais chrétiens, mais ils conservent des liens étroits avec leurs croyances traditionnelles. Selon la légende, lorsqu'un Nuxalk meurt, son esprit suit en sens inverse le chemin que les ancêtres avaient effectué, et s'élève jusqu'à la Maison des mythes où il poursuivra sa vie.

Le renouveau

Les Hupa habitent le nord-ouest de la Californie, dans la vallée de Hoopa. La plupart des Amérindiens de cette zone ont disparu, victimes du génocide perpétré par les colons blancs lors de la ruée vers l'or des années 1850. Heureusement pour les Hupa, leurs terres ne recelaient que peu d'or et, en 1864, le Congrès américain installa une réserve sur presque tout leur territoire.

La plupart des chamans hupa étaient des femmes. Elles acquéraient leur pouvoir de guérison en avalant une « douleur » et en apprenant à la contrôler. Les maladies auraient été dues à des douleurs quasi animées. Le chaman en débarrassait le corps du patient, puis les enfermait dans un récipient en osier.

Les Hupa se nourrissaient des poissons du fleuve Trinity (ici, un homme harponne un saumon), de glands et d'autres végétaux de la forêt.

Symboles de richesse

Les Hupa définissaient le rang social par la richesse. Ils accordaient de la valeur à des objets aussi rares qu'une peau de cerf albinos ou un pic-vert à plumes écarlates. Lors de la grande fête annuelle de la Danse de la peau de cerf blanche, les participants étalaient ces symboles de richesse. Les jupes de danse en peau de cerf des femmes étaient luxueusement décorées de perles et de clochettes de bronze. La Danse de la peau de cerf durait dix jours. Entre autres fonctions, elle devait provoquer le retour du printemps, le renouveau du monde.

Jusqu'en 1850, les Hupa vécurent dans un relatif isolement. Ils étaient alors environ un millier. Ce chiffre fut divisé par deux dans le demi-siècle qui suivit, mais il fut atteint de nouveau dans les années 1960. Aujourd'hui, les Hupa sont plus de 2 000 et vivent de façon autonome sur les 35 200 hectares de la réserve de la vallée de Hoopa, qui a toujours été le cœur de leur univers.

Les Hupa vivent dans des maisons en bois de cèdre. Le travail du bois est la principale activité des hommes, les collines qui entourent la vallée de Hoopa étant riches en conifères (cèdre, pin et sapin de Douglas). Aujourd'hui, le peuple hupa tire une grande partie de ses revenus de l'exploitation forestière.

Les Kixunai

La cérémonie de la Danse de la peau de cerf avait notamment pour but de conter des légendes expliquant comment les rituels avaient été instaurés par les Kixunai, les premiers hommes qui vécurent à l'époque de la création du monde. En redonnant vie à ces mythes, les Hupa entendaient régénérer le monde pour l'année à venir, le débarrassant des méfaits de ceux qui avaient transgressé l'un de leurs nombreux tabous.

Paniers sacrés

Une jeune Kixunai était un jour assise au bord de l'océan. Elle tressait un panier en chantant. Le vent, qui soufflait doucement du nord, se leva soudain, et devint de plus en plus violent, jusqu'à ce qu'une forte rafale emporte le panier. La jeune fille essaya de le récupérer, sans y parvenir. Le lendemain, elle retourna à la plage et retrouva son panier, flottant dans l'eau peu profonde. Lorsqu'elle l'en sortit, elle s'aperçut qu'il était recouvert de dentaliums*. Il avait fait le tour du monde en flottant sur l'océan, partout où vivait le dentalium. À dater de ce jour, tous les paniers de la jeune fille attirèrent la richesse. « J'ai fait cela pour toutes les femmes hupa qui me suivront, dit-elle. Et je souhaite longue vie à la femme qui a toujours un panier entre les mains. »

* Le dentalium est un mollusque. Les Hupa utilisaient ses coquilles comme monnaie. La valeur des coquilles dépendait de leur longueur : les hommes les mesuraient grâce aux graduations tatouées sur un de leurs bras.

En tressant leurs paniers, les femmes hupa priaient la jeune fille de la légende de leur prêter ses pouvoirs magiques. Les paniers étaient faits de branchettes de noisetier et de racines. Les motifs étaient obtenus en superposant des tiges de fougère noires ou teintes en rouge.

Fils des étoiles

Les Pawnee étaient l'un des peuples les plus nombreux chassant les bisons dans les Grandes Plaines. Leur territoire allait du centre du Nebraska au nord du Kansas actuels. Au XVIIIe siècle, ils étaient 10 000. Deux siècles plus tard, décimés par la maladie, les guerres et leur expulsion vers le territoire indien de l'Oklahoma, ils n'étaient plus que 500. Aujourd'hui, ils sont environ 2 500.

Chasse et agriculture suivaient un cycle chez les Pawnee (ci-dessus). Commencée en novembre, la chasse d'hiver durait jusqu'au printemps. La chasse collective de l'été débutait en juillet après le second sarclage du maïs et se terminait à l'automne.

Sacs-médecine

La mythologie pawnee accorde une place toute particulière aux étoiles. Les Pawnee pensaient qu'ils avaient été créés par elles et que, le jour de la fin du monde, ils redeviendraient des étoiles. Le créateur suprême était Tirawahat, l'immensité des cieux. Soleil, Lune et Étoile du soir faisaient aussi partie des principaux dieux.

Chaque village avait son propre mythe de la création, qui racontait comment son fondateur, créé par une étoile, avait obtenu un « sac-médecine » renfermant son pouvoir. Ce sac se transmettait de père en fils, et chaque chef était considéré comme un descendant direct du fondateur. Le sac représentait aussi une source de pouvoir surnaturel pour tout le village, qui se devait de le protéger.

Monde disparu

Les prêtres formaient le lien entre monde humain et monde surnaturel. Tout au long de l'année, ils accomplissaient des rituels pour plaire aux dieux étoiles.

Les Pawnee possédaient aussi des sociétés secrètes de guérisseurs, qui avaient le pouvoir de soigner les malades et d'accomplir des miracles.

En 1891, une grande partie de la culture traditionnelle pawnee avait disparu. Beaucoup de Pawnee adoptèrent alors une nouvelle religion, appelée la Danse des fantômes. Cela conduisit à une brève renaissance des rituels, mais en 1930 ils s'étaient presque totalement éteints à leur tour. Depuis les années 1990, plus personne ne parle la langue pawnee.

Les Pawnee vivaient dans de vastes huttes de branchages et de terre, le long des rivières Platte et Loup. Chaque hutte abritait de 30 à 50 personnes, réparties en deux groupes, au nord et au sud, qui accomplissaient les tâches ménagères en alternance. Pendant la chasse d'hiver, les huttes étaient abandonnées, et il fallait souvent les rebâtir au printemps.

Aujourd'hui, les danses pawnee ont perdu toute signification religieuse. La plupart des Pawnee sont devenus chrétiens, mais quelques-uns pratiquent encore des religions indiennes, nées de la Danse des fantômes et des cérémonies du peyotl (un cactus aux propriétés hallucinogènes).

Tirawahat

Après avoir créé le soleil, la lune, les étoiles et la terre, Tirawahat parla et, au son de sa voix, une femme apparut sur la terre. Tirawahat demanda aux autres dieux comment rendre la femme heureuse. Ils lui conseillèrent de créer un homme pour lui tenir compagnie tout au long de sa vie. Il dit à l'homme et à la femme qu'ils devaient appeler la terre « mère » et le ciel « père ». Puis il leur montra comment construire une hutte, avec quatre poteaux porteurs représentant chacun l'un des dieux qui retiennent le ciel. L'entrée devrait toujours se trouver à l'est, pour permettre à la hutte de respirer, comme un être humain. La cheminée serait installée au centre de la hutte, et un autel avec un crâne de bison, à l'ouest. L'esprit de Tirawahat entrerait chaque matin dans le crâne, quand il serait effleuré par les premiers rayons du soleil. Ensuite Tirawahat donna à l'homme et à la femme le sac-médecine, à suspendre au-dessus de l'autel. Il leur enseigna aussi les cérémonies, leur apprit comment cultiver le maïs et comment attirer les bisons.

Siuuhu se venge

Siuuhu et Jewed Ma:kai ont créé le soleil, la lune et les étoiles, les nuages et la pluie, les hommes et les animaux. Certains archéologues pensent que l'une des gigantesques formes humaines de Blythe (ci-dessus), sur la frontière entre la Californie et l'Arizona, représente Siuuhu.

Les Akimel O'odham («peuple de la rivière») sont originaires du sud de l'Arizona et du nord du désert de Sonora, au Mexique. Connus aussi sous le nom de Pima, ils sont aujourd'hui environ 15 000, qui vivent au bord des rivières du désert de Sonora.

Maintenant que les Akimel O'odham (à droite) ont un mode de vie moins actif et un régime alimentaire riche, la moitié d'entre eux souffrent de diabète à partir de l'âge de 36 ans. Ces problèmes de santé s'expliqueraient par des causes génétiques, leur organisme continuant de stocker les graisses indispensables à la survie dans un environnement hostile et sec.

Il ne reste de la civilisation hohokam que des traces archéologiques, comme le système de canaux d'irrigation qui traverse encore la vallée de la rivière Salt (ci-dessus).

Ceux qui ont disparu

Le désert de Sonora est un milieu hostile, car l'eau et la nourriture y sont très rares. Mais les Akimel O'odham installaient leurs villages au bord des rivières, là où la végétation et le gibier étaient les plus abondants. Ils cultivaient les plaines fertilisées par les crues, faisant «fleurir le désert». D'après leurs légendes, c'était le dieu Siuuhu, le «grand frère», qui leur avait appris à cultiver et à irriguer la terre. Les Akimel O'odham pensent avoir succédé aux Hohokam, un peuple de la période précolombienne dont le nom signifie «ceux qui ont disparu». Certains de leurs villages étaient en effet bâtis sur des ruines hohokam. Mais nombre de spécialistes estiment qu'il y a eu un intervalle entre la disparition de cette civilisation et l'arrivée des Akimel O'odham.

Depuis la « loi de réorganisation des Indiens » de 1934, qui leur permit de prendre leur destin en main, les Akimel O'odham sont devenus plus prospères. Ils vivent dans des maisons solides, possèdent des véhicules et des entreprises modernes. Mais ils n'ont pas abandonné leurs traditions et croient toujours qu'il faut s'entraider pour atteindre un « bien-être durable ».

Ressuscité

Le cycle mythologique des Akimel O'odham commence par la création de l'univers, œuvre de Jewed Ma:kai, le chaman de la terre. Il se termine par la victoire sur les Hohokam et l'établissement des villages de Akimel O'odham.

Les ancêtres des Akimel O'odham s'étaient réfugiés sous la terre afin d'échapper au déluge qui avait mis fin à la première époque du monde.

Lorsque Siuuhu fut ressuscité, il rassembla les Akimel O'odham des enfers pour se venger de ses assassins, les Hohokam. Après leur victoire, les Akimel O'odham purent enfin rentrer chez eux.

Armée morte

Un jour, les Hohokam commencèrent à se sentir supérieurs à Siuuhu, qui les avait créés avec de l'argile. Quand Nu:wi, la buse, vint leur proposer de le tuer, ils acceptèrent.

Nu:wi vola jusqu'au soleil, lui emprunta son arc et décocha un rayon de soleil en direction de Siuuhu. Celui-ci sentit son cœur devenir de plus en plus chaud. Puis il tomba, mort.

Sa mort dura pendant quatre ans, jusqu'à ce que Jewed Ma:kai envoie les quatre vents le ressusciter. Une fois rétabli, Siuuhu descendit aux enfers et y leva une armée d'Akimel O'odham morts, lesquels vainquirent les Hohokam et prirent leur place sur la terre.

En 1853, les territoires des Akimel O'odham, qui appartenaient au Mexique, furent rattachés aux États-Unis. Les colons blancs transformèrent ce peuple de fermiers indépendants en ouvriers agricoles, qui tombèrent dans la pauvreté. Leur culture traditionnelle se désagrégea, et nombre d'entre eux ont aujourd'hui adopté la religion presbytérienne (église, ci-contre).

Récits héroïques

La civilisation maya, qui s'étendait de la péninsule du Yucatán, au Mexique, aux montagnes du Guatemala, commençait à décliner au XVIe siècle, quand les conquistadors espagnols arrivèrent et imposèrent la religion catholique. Mais les Mayas ont survécu : ils sont aujourd'hui 5 millions.

Les héros jumeaux Hunahpu et Xbalanque descendirent sous la terre, aux enfers, pour venger leur père et leur oncle, qui avaient été sacrifiés par les seigneurs de la mort, Xibalba, et enterrés sous le terrain de jeu de balle sacré.

Les Mayas pratiquaient divers jeux de balle sacrés. Le plus connu, le tlachtli, se pratiquait sur un terrain en forme d'étroit passage entre deux rangées de gradins. Deux équipes s'affrontaient, le but étant de faire rebondir une balle de caoutchouc d'une dizaine de centimètres de diamètre dans le camp adverse, ou bien de la faire passer à travers un anneau (ci-contre). Les joueurs ne pouvaient toucher la balle qu'avec certaines parties de leur corps. Bien souvent, les perdants étaient sacrifiés aux dieux.

Mesurer le temps

La civilisation maya se développa tout au long du premier millénaire avant J.-C., et atteignit son apogée au IIIe siècle après J.-C. Gouvernée par des dynasties installées dans des cités-États, elle disposait d'une écriture phonétique et d'un calendrier complexe pour mesurer le passage du temps. En 900 après J.-C., la plus grande cité maya était Chichen Itza, dans le nord du Yucatán, mais elle déclina peu à peu. À l'arrivée des Espagnols, les Mayas des montagnes du Yucatán et du Guatemala étaient divisés : le grand peuple du passé s'était transformé en une multitude de petites tribus.

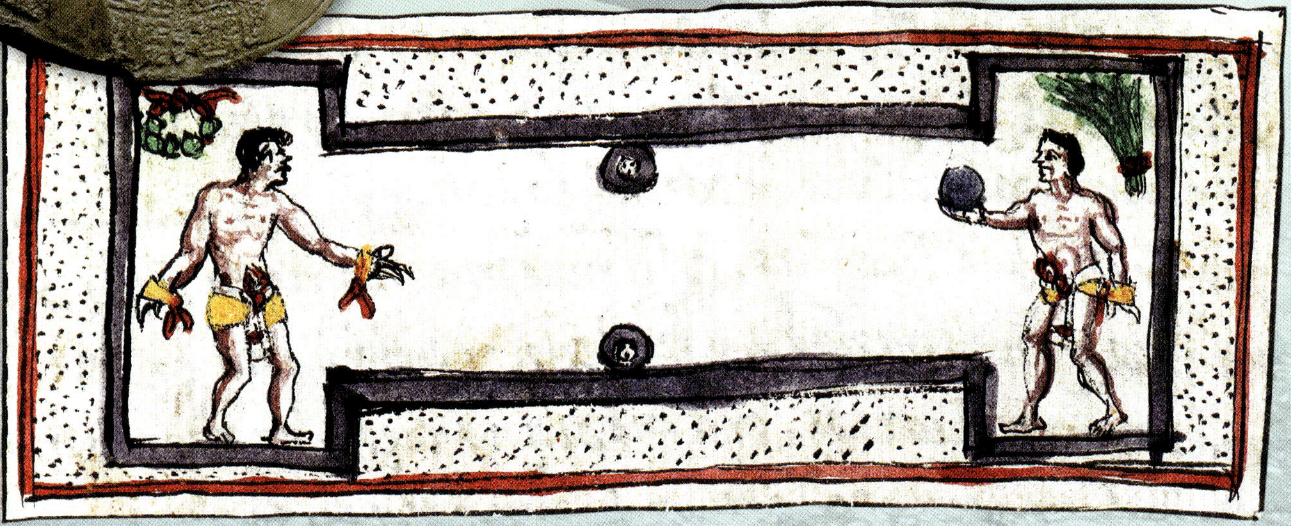

La mentalité maya

Les Mayas Quiché du Guatemala furent vaincus par les conquistadors en 1524. Plus tard, un membre de la noblesse quiché fit écrire le livre sacré de son peuple, le *Popol Vuh*, en caractères latins.

Le *Popol Vuh* est une explication mythologique de la naissance du monde. La première partie relate la création de la Terre, des animaux et des premiers êtres humains. La deuxième raconte les aventures des héros jumeaux mythiques, Hunahpu et Xbalanque. La troisième partie, quant à elle, décrit la création, à partir de maïs, des quatre pères fondateurs des dynasties quiché, et elle donne la liste de quatorze générations de leurs descendants, jusqu'au milieu du XVIe siècle.

Grands exploits

Les héros jumeaux vivaient en des temps de ténèbres, sous le règne de l'oiseau monstrueux Vucub Caquix, qui prétendait être le soleil. Ils le tuèrent avec leurs sarbacanes, ce qui permit au vrai soleil de se lever. On pense que Vucub Caquix est le principal dieu oiseau des Mayas ; on le retrouve sur des sculptures qui remonte à l'an 300 avant J.-C.

Le deuxième grand exploit des héros jumeaux est leur descente aux enfers, où ils vainquirent les seigneurs de la mort. L'histoire commence par un jeu de balle sacré, qui se pratiquait dans toute l'Amérique centrale et le Mexique précolombien. Ce jeu était lié à des sacrifices humains, exigés par les dieux en l'échange du don du feu.

Que d'épreuves !

Hunahpu et Xbalanque furent défiés au tlachtli, le jeu de balle sacré, par les terribles seigneurs de la mort. Ils gagnèrent, mais furent jetés dans la Maison des lances, où des démons les attaquèrent. Ils réussirent à s'échapper, puis se trouvèrent emprisonnés successivement dans les maisons du Froid, des Jaguars, du Feu, des Chauves-Souris. Les héros jumeaux survécurent à toutes ces épreuves et, s'affirmant immortels, ils demandèrent à être sacrifiés et à ce que leurs os soient réduits en poussière. Effectivement, ils revinrent à la vie. Très impressionnés, les seigneurs de Xibalba voulurent, eux aussi, mourir et ressusciter. « Faites-nous la même chose ! » supplièrent-ils. Les jumeaux tuèrent les seigneurs de la mort, mais ne les ressuscitèrent pas.

Cette urne représente la maison des Jaguars.

Cadeaux sanglants

Plus qu'un véritable peuple, les Aztèques étaient un ensemble de tribus apparentées, parlant toutes la même langue, le nahuatl. Ils vécurent dans la vallée de Mexico à partir du XIIe siècle de notre ère. La plus puissante de ces tribus était celle des Mexica, installée sur l'emplacement actuel de la ville de Mexico. Elle contrôla l'empire aztèque jusqu'à l'arrivée des conquistadors espagnols en 1519.

Les Aztèques apaisaient l'appétit d'Huitzilopochtli (ci-dessus) pour les cœurs encore palpitants en pratiquant une guerre que l'on qualifie de « fleurie ». L'objectif n'était pas de remporter la victoire, mais de faire le maximum de prisonniers pour les offrir ensuite en sacrifice. Cette forme de combat fut inopérante face aux techniques militaires espagnoles.

À l'arrivée de Cortés, en 1519 (à gauche), la population du Mexique atteignait 20 à 25 millions de personnes. À la fin du XVIe siècle, la guerre et la maladie l'avaient réduite à 1 million, ce qui, ajouté aux conversions forcées au catholicisme, détruisit la civilisation aztèque.

Cœurs battants

La culture aztèque est liée à des civilisations antérieures de l'Amérique centrale, telles celles des Olmèques, des Zapotèques, des Teotihuacanos, des Toltèques et bien sûr des Mayas (voir p. 114-115). Héritiers d'une riche mythologie, les Aztèques la rendirent plus cruelle en insistant sur le culte du dieu soleil Huitzilopochtli, qui exigeait qu'on lui donne régulièrement en sacrifice des cœurs humains encore palpitants.

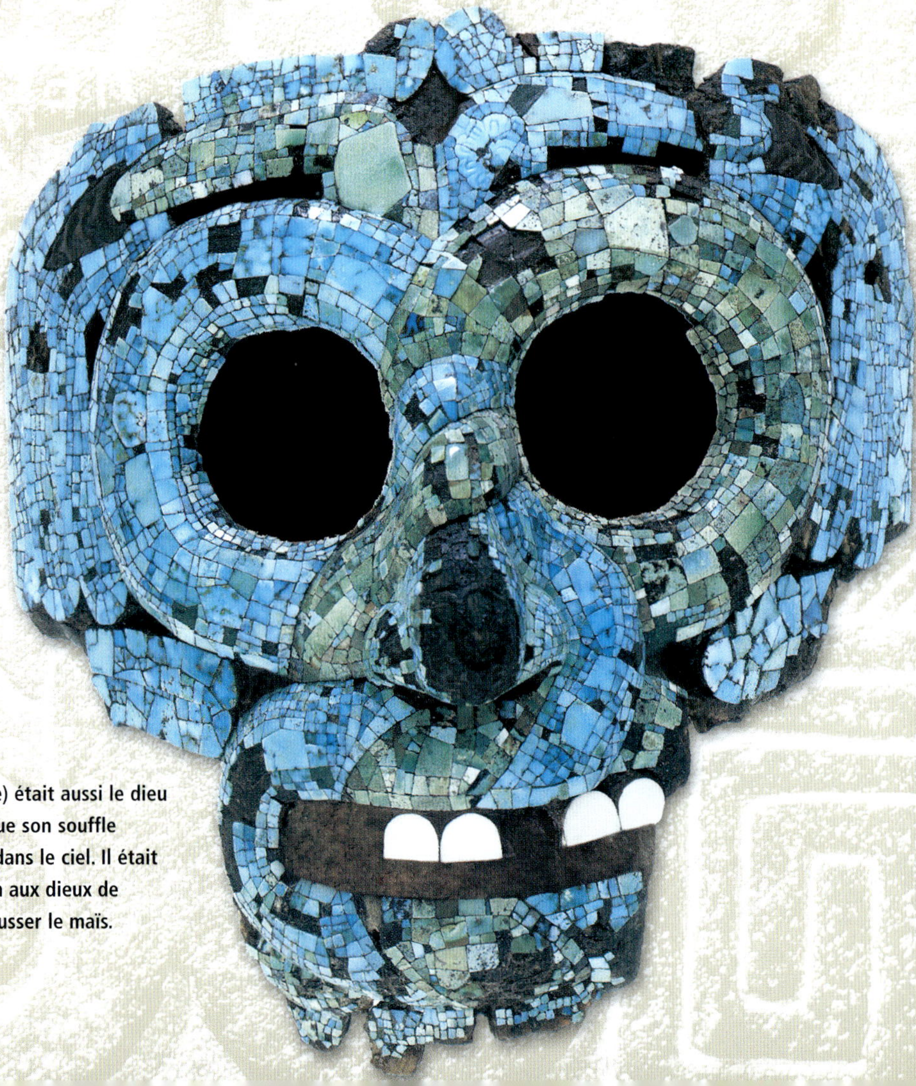

Dieu de la vie, Quetzalcoatl (à droite) était aussi le dieu des vents. Les Aztèques pensaient que son souffle permettait au soleil de se déplacer dans le ciel. Il était également chargé d'ouvrir le chemin aux dieux de la pluie, comme Tlaloc qui faisait pousser le maïs.

Le serpent à plumes

Les Aztèques vénéraient un grand nombre de dieux et de déesses, mais Quetzalcoatl, le serpent à plumes, était l'un des plus importants. Il était mi-serpent à sonnette, mi-quetzal, un bel oiseau au plumage vert des forêts d'Amérique centrale. Il semble qu'il ait été adoré avant l'époque aztèque, par des civilisations antérieures, à partir de 1200 avant notre ère environ.

C'est Quetzalcoatl qui offrit aux hommes le maïs ; il leur enseigna aussi nombre d'arts et de sciences. Il avait un grand rival – son propre frère, Tezcatlipoca, dieu de la guerre et de la sorcellerie. Un jour, par la ruse, Tezcatlipoca saoula son frère. Honteux, ce dernier partit vers l'est sur un radeau fait de serpents, promettant de revenir un jour.

Le dieu Quetzalcoatl avait aussi une incarnation humaine, sous la forme du roi de la cité légendaire de Tollan ; ainsi, il était un modèle pour tous les rois aztèques, qui espéraient son retour.

Mictlantecuhtli, le dieu de la mort, était représenté sous la forme d'un squelette (à droite), dont les os blancs portaient souvent des taches de sang. Lui et son épouse Mictecacihuatl régnaient sur le monde souterrain. Quetzalcoatl, le dieu de la vie, était leur fils.

Une erreur fatale

Après le déluge qui avait mis fin au « quatrième soleil », ou « quatrième ère », Quetzalcoatl et son frère, Tezcatlipoca, recréèrent le ciel et les étoiles. Puis Quetzalcoatl descendit à Mictlan, le monde des enfers, pour prendre à son père, Mictlantecuhtli, les os de l'humanité.

Quetzalcoatl essaya d'abord de le convaincre de les lui donner, mais devant le refus de Mictlantecuhtli, il demanda aux fantômes des enfers de creuser un trou. Mictlantecuhtli y tomba et laissa échapper les os, qui s'éparpillèrent autour de lui.

Une caille en profita pour becqueter des éclats d'os, ce qui condamna la nouvelle race créée par Quetzalcoatl à disparaître. Celui-ci broya alors les os en une fine farine et il versa dedans son propre sang, créant ainsi la race humaine actuelle.

Cette version de la création de la race humaine explique pourquoi les Aztèques pensaient avoir une dette de sang à l'égard de Quetzalcoatl, leur créateur. Or, par un étrange hasard, Hernán Cortés, le conquistador espagnol qui arriva au Mexique en 1519, portait un chapeau conique semblable à la coiffe avec laquelle Quetzalcoatl était représenté. Quand les Aztèques rencontrèrent Cortés pour la première fois, ils crurent que Quetzalcoatl, leur dieu créateur, était de retour (voir, p. 120, une anecdote similaire concernant les Incas) et ils lui offrirent des galettes trempées dans du sang humain, un mets réservé aux dieux.

Les héritiers des Mayas

Descendants actuels des Mayas (voir p. 114-115), les Tzotzil vivent dans les montagnes du Chiapas, dans le sud du Mexique. Cette région possède des vallées fertiles, à environ 2 100 m d'altitude. C'est dans l'une d'elles que se trouve la commune de Zinacantán. Ses 117 km² abritent un centre cérémoniel et quinze hameaux. Là vivent environ 12 000 Mayas Zinacantec, qui parlent le tzotzil.

Les hameaux des Zinacantec sont dispersés dans les vallées calcaires et volcaniques des montagnes. Étant donné la durée de la saison sèche (d'octobre à mai), l'accès à l'eau est essentiel à la survie des hommes et des animaux. Le nom des villages fait souvent référence aux points d'eau, comme Vo'cho'oh.Vo : « Les cinq mares ».

Le nombril du monde

Les Zinacantec ont une culture unique, mêlant leur histoire maya, les quatre siècles qu'ils ont passés sous domination espagnole et les réalités de la vie moderne. Ils voient le monde comme un cube reposant sur les épaules des Dieux des Quatre Coins. Au milieu de la face supérieure de ce cube se trouve le nombril du monde – un petit monticule de terre du centre cérémoniel de Zinacantán, sorte de calvaire où ont lieu prières et offrandes.

Selon eux, le Père Soleil fait le tour du monde, précédé de l'Étoile du matin, qui lui ouvre le chemin. À midi, le Père Soleil s'interrompt pour regarder ce que font les Zinacantec, puis il poursuit sa route. C'est pourquoi la plupart des rituels se déroulent face à l'est, du côté où le soleil se lève.

Le baptême « fixerait » l'âme à l'intérieur du corps, mais certaines parties pourraient néanmoins s'en échapper. Une mère zinacantec ne quittera jamais un lieu sans avoir essuyé avec son châle (ci-dessous, tissages zinacantec traditionnels) l'endroit où son enfant était assis pour être sûre de récupérer tous les éléments éventuellement égarés de l'âme de celui-ci.

Mules et argent

Un jour, un homme vint s'abriter de la pluie dans une caverne. Soudain apparut Yajval Balamil. Le maître et possesseur de la terre sait évaluer à son juste prix le courage des hommes qui osent pénétrer dans les grottes, mais il a aussi souvent besoin de gardiens pour ses troupeaux. À cet homme, il donna une paire de sandales de fer, et lui dit : « Tu travailleras pour moi jusqu'à ce qu'elles soient usées. » Pendant trois ans l'homme travailla comme muletier sous la terre. Lorsqu'il rentra chez lui, sa femme refusa de croire son histoire… jusqu'à ce qu'arrivent huit mules chargées d'argent – son salaire, envoyé par Yajval Balamil.

Les Zinacantec célèbrent de nombreux saints, par des festivités qui durent trois jours. À minuit, la veille de Noël, à l'église San Sebastian, ils rejouent la naissance des deux Christ (deux frères), puis ils les portent jusqu'à une crèche minutieusement préparée la veille dans une autre église, celle de San Lorenzo.

Ancêtres des montagnes

Les montagnes et les collines qui entourent Zinacantán abritent les dieux ancestraux, de lointains aïeux que prient les Zinacantec et auxquels ils offrent des poulet noirs, des bougies, de l'encens et du rhum. Ces dieux sont vus comme de vieux Zinacantec, installés à l'intérieur des montagnes par les Dieux des Quatre Coins pour être les gardiens de la culture et des traditions. Seuls les chamans, s'ils y sont appelés par une série de rêves, peuvent percer la surface des montagnes et communiquer directement avec les dieux ancestraux.

Au premier abord, Zinacantán semble profondément catholique, avec ses centaines de croix de bois et de calvaires. Mais si tous les Zinacantec sont baptisés dans la foi catholique, le vernis chrétien recouvrant les vieilles croyances maya est assez mince. Les croix installées près des cavernes ou des mares sont considérées comme des voies de communication avec Yajval Balamil, un dieu puissant qui doit être apaisé avant de pouvoir travailler la terre. Les calvaires, eux, sont les lieux de rencontre des dieux ancestraux.

Selon les Zinacantec, l'âme de l'homme, qui se situe à l'intérieur de son cœur, est composée de treize parties différentes. Si l'une d'elles est égarée, son propriétaire doit subir une cérémonie permettant de la retrouver. Le chaman utilise alors treize grains de maïs – blancs, jaunes, rouges et noirs – pour déterminer quelles sont les parties de l'âme qui ont disparu.

Le maïs est la plus importante production agricole des Zinacantec.

L'OR ET LES DIEUX

Le temple du Soleil (ci-dessus, ses ruines) renfermait une magnifique représentation en or du dieu soleil Inti, sous la forme d'un visage entouré par les rayons de l'astre. Son culte était spécifiquement inca.

L'empire inca s'étendait depuis ce qui est aujourd'hui l'Équateur, au nord, jusqu'au nord-est de l'Argentine, en passant par le Pérou, le Chili et le sud-est de la Bolivie. Fondée dans la ville péruvienne de Cuzco autour de l'an 1200, la dynastie inca était l'héritière de la culture et des légendes de diverses civilisations qui l'avaient précédée.

MÉPRISE FATALE

L'apogée de la civilisation inca a duré moins de cent ans, entre le moment où elle a envahi l'Amérique du Sud, transformant de nombreux peuples en sujets de l'empereur, et son effondrement, après l'arrivée en 1532 de l'Espagnol Francisco Pizarro (1475-1541).

Comment cet aventurier put-il renverser, avec 180 hommes seulement, un empire militaire de plusieurs millions de personnes ? C'est l'une des aventures les plus étonnantes de l'Histoire et son explication réside dans la mythologie.

Après sa victoire sur son demi-frère Huascar, le dernier empereur inca Atahualpa (env. 1502-1533) attendait le retour prévu par les prêtres du dieu créateur Viracocha, qui devait arriver par la mer. Quand il apprit le débarquement espagnol, il imagina qu'il s'agissait de Viracocha et de ses fils. Le temps de comprendre son erreur, il était prisonnier de Pizarro, et les Espagnols avaient pris Cuzco, la capitale.

Manco Capac, premier empereur inca, était considéré comme la manifestation terrestre du soleil, ce qui justifiait son trône. Mais une « contre-légende » faisait de Manco Capac un imposteur, comme Pizarro (ci-dessus).

Descendant en droite ligne du dieu soleil, Atahualpa (à gauche) était un empereur de droit divin. « Fils du soleil », il régnait sur les Incas qui étaient les « enfants du soleil », et l'or représentait la « sueur du soleil ».

Viracocha marche sur l'eau

Créateur de la terre et du temps, Viracocha émergea du lac Titicaca dans les ténèbres primitives et créa une race de géants. Mais ils suscitèrent sa colère, et il leur envoya un déluge qui les noya et les changea en pierre : on peut encore voir leurs statues à Tiahuanaco, au bord du lac. Alors Viracocha demanda au soleil, à la lune et aux étoiles, qui étaient sur l'île du Soleil au milieu du lac, de le rejoindre. Puis il ramassa des pierres sur le rivage et les façonna en forme d'êtres humains. Il peignit sur eux des vêtements, et donna à chaque groupe d'hommes une langue et des chants différents, ainsi que des graines à semer pour en tirer leur subsistance. Viracocha et ses fils se mêlèrent aux humains pour leur apprendre comment survivre, puis ils partirent sur l'océan Pacifique en marchant sur les vagues et en promettant de revenir un jour.

Parfois différentes d'une région à l'autre, les légendes andines voyaient toutes en Viracocha (à gauche) le créateur. Mais les Hatunruna (les hommes et les femmes du peuple) croyaient aussi que la nature fourmillait d'esprits. Chaque ayllu (famille ou clan) vénérait le corps momifié de son fondateur légendaire. Beaucoup de ces momies (à droite) sont parvenues jusqu'à nous, et les Quechua d'aujourd'hui – qui sont les descendants des Incas – pensent que ce sont les premiers êtres, les Anciens.

Chasse au trésor

C'est l'appât de l'or qui avait attiré Pizarro au Pérou. Quand Atahualpa le comprit, il lui proposa de remplir le cachot dans lequel il était enfermé d'objets en or en échange de sa liberté. Pizarro accepta. Le temple du Soleil de Cuzco fut dépouillé de son or, puis des lamas chargés de métal précieux affluèrent de tout l'empire. Lorsque la cellule fut pleine, les Espagnols se saisirent des trésors et les fondirent pour en faire des lingots.

Et ils condamnèrent tout de même Atahualpa à être brûlé vif. Au moment d'allumer le feu, on lui proposa de lui infliger le supplice du garrot, censé être moins douloureux, s'il acceptait de devenir chrétien. Il accepta, fut baptisé… puis étranglé.

Un monde d'eau

Les Warao vivent dans les marais du delta de l'Orénoque, sur la côte est du Venezuela. Leur nom signifie « le peuple des bateaux », et les pirogues creusées dans des troncs d'arbre sont au cœur de leur vie quotidienne comme de leurs légendes. Elles incarnent l'esprit de Dauarani, mère de la forêt.

La nature du delta de l'Orénoque offre aux Warao un cadre de vie unique. Cette niche écologique est aujourd'hui menacée par l'exploration pétrolière de multinationales que les Warao – qui sont aujourd'hui 25 000 – sont bien décidés à combattre.

Rêves de bateaux

L'habileté des constructeurs de pirogues warao est légendaire et a été notée dès 1596 par le navigateur anglais sir Walter Raleigh. Pour un Warao, s'entendre dire qu'il n'a pas de bateau est la pire des insultes. Les pères les sculptent en jouets pour leurs bébés, afin qu'ils puissent faire des voyages imaginaires à la rame, et tout enfant de trois ans sait se déplacer avec une véritable pirogue.

Les Warao vivent quasiment dans leurs embarcations et, à leur mort, ils y sont enterrés. Ceux qui les fabriquent sont appelés à cette mission par une vision qui leur est envoyée dans leur sommeil et qui les lie au service de Dauarani, elle-même née de la première pirogue. La fabrication de chaque bateau recrée cette vision et correspond à une quête de béatitude spirituelle.

Les Warao vivent dans un monde où l'eau est omniprésente, où s'entrecroisent rivières et canaux, divisant la terre en d'innombrables îles. Comme le delta de l'Orénoque est plat, ils voient le monde comme une mince bande de terre, entre le ciel et l'eau. Les Warao imaginent ainsi la planète comme un disque entouré d'eau.

Quitter les arbres

Au début des temps, les Warao vivaient au sommet des arbres, sautant de banche en branche, se nourrissant de fruits et d'oiseaux. Un jour, un chasseur tua un oiseau si lourd que celui-ci tomba à terre, ouvrant un passage dans l'épais feuillage. Après être descendu pour récupérer le produit de sa chasse, l'homme fut surpris de se retrouver debout sur le sol. Les Warao ne savaient pas que le sol existait.

« Descendez, cria l'homme à ses compagnons. Ici vous pourrez poser vos pieds. C'est grand et c'est entouré d'eau ! »

Depuis lors, les Warao appellent la terre Hobahi : « Ce qui est entouré d'eau ». Mais certains de ceux qui vivaient dans les arbres ont refusé d'en descendre et ils sont devenus des esprits maléfiques.

Des bébés et des dieux

Les légendes warao évoquent de nombreux dieux qui peuplent des montagnes sacrées aux quatre coins du monde, les Warao eux-mêmes vivant en son centre. Ces dieux dépendent des offrandes des humains, qui leur fournissent notamment du tabac ; les Warao dépendent des dieux, qui leur offrent la santé et la vie.

Celles-ci ne vont d'ailleurs pas de soi pour les Warao, qui sont affectés par des maladies venues d'Europe, comme la tuberculose. Les médicaments modernes améliorent les choses, mais ils sont difficiles à acheminer dans le labyrinthe aquatique où vivent les Warao.

Lorsque naît un enfant, il établit un lien avec les dieux qui durera toute sa vie. Son premier cri traverse le monde, jusqu'à la montagne où vit Ariawara, le dieu de l'origine, à l'est, et le cri de bienvenue du dieu lui revient en écho. Trois jours après la naissance, Hahuba, le serpent de l'être, envoie une brise parfumée au village pour envelopper le nouvel arrivant. Le bébé fait déjà partie de l'équilibre entre le naturel et le surnaturel qui constitue la vie quotidienne des Warao.

Jusqu'à une époque récente, la mortalité infantile atteignait 49 % chez les Warao, qui considéraient que leurs petits morts étaient mangés par les esprits des enfers. Les survivants bénéficiaient de la protection de Shiborori, l'oiseau mythique au beau plumage (représenté par un dindon ocellé, ci-contre) que voyaient en rêve les prêtres-chamans appelés « maîtres de la douleur ».

La fin des histoires

La Terre de Feu est un ensemble d'îles situé à l'extrême sud de l'Amérique latine. Plusieurs tribus y vivaient autrefois, dont celle des Yamana. La culture de ce peuple de chasseurs-cueilleurs a disparu. Cela ne veut pas dire qu'ils n'ont pas de descendants, mais leur mode de vie traditionnel n'existe plus.

Le mode de vie yamana

Les Yamana n'avaient pas de villages fixes. Ils vivaient dans des abris faits d'une structure de bois recouverte d'herbes sèches, souvent en forme de ruche. Les déplacements sur la terre étant très difficiles, les Yamana circulaient dans des pirogues d'écorce de hêtre. Les hommes construisaient et réparaient les embarcations. Les femmes pagayaient et les amarraient. C'est elles aussi qui, sur la berge, entretenaient un feu permanent sur des foyers de pierre, de coquillages ou de terre installés au milieu des pirogues.

Un navire français leur rendit visite en 1624 (à gauche, un bateau similaire), mais la culture des Yamana resta globalement inchangée jusqu'à la fin du XIXe siècle. Ils étaient alors environ 3 000, divisés en cinq groupes pratiquant des dialectes différents mais qui leur permettaient de se comprendre.

Puis les épidémies venues d'Europe, notamment la rougeole et la typhoïde, emportèrent une grande partie de la population. En 1933, les Yamana n'étaient plus que 40.

Les Yamana – un nom qui signifie « êtres humains » – vivaient essentiellement sur la côte. La nourriture y était abondante (moules, poissons, phoques), tandis que l'intérieur des terres, extrêmement montagneux et boisé, était difficilement accessible. Les longues veillées autour du feu étaient animées par le partage des légendes traditionnelles.

Mythes tribaux

Quand les jeunes Yamana commencèrent à adopter le mode de vie occidental, les anciens n'eurent plus envie de leur transmettre les mythes et la sagesse de leurs ancêtres.

Auparavant, les Yamana mêlaient toujours des détails de leur vie personnelle aux aventures des glorieux ancêtres. Cela permettait de rendre très vivants les personnages des mythes, tout en mettant le conteur en valeur.

Mais dans les années 1920, les Yamana cessèrent de fonctionner comme une communauté traditionnelle, partageant une culture et un savoir communs. Très vite, cette civilisation vieille de plusieurs milliers d'années se désintégra totalement.

Chez les Yamana, l'homme était à la tête de la famille et, dans une société sans autre chef, sans classes sociales ni structure politique, son autorité était absolue.

Le mythe essentiel des Yamana expliquait comment cet état de choses avait pris naissance. Au tout début, les premiers ancêtres étaient venus de l'Orient dans le pays des Yamana. Sous une forme mi-animale mi-humaine, ils s'étaient installés dans un lieu nommé Yáiaasága. Les femmes régnaient alors de manière absolue sur les hommes. Mais lorsque ceux-ci découvrirent qu'elles les avaient dupés, les hommes prirent le pouvoir.

Ruse féminine

À l'époque où les premiers ancêtres des Yamana s'installèrent à Yáiaasága, les femmes avaient le pouvoir. Les hommes devaient entretenir le feu, s'occuper des enfants et obéir. Chaque jour, les femmes allaient dans leur kina, une vaste hutte, pour y hurler comme si elles mouraient de peur. Alors, les « esprits » qu'elles avaient réveillés sortaient de la hutte, terrifiant les hommes.

Mais un jour, Lem, l'homme-soleil, qui était parti chasser, aperçut deux jeunes filles qui s'exerçaient à se peindre le corps et à se déguiser en esprits. Il comprit alors que les femmes avaient rusé pour effrayer les hommes.

Furieux d'apprendre cette nouvelle, les hommes se rebellèrent. Après une bataille impitoyable, toutes les femmes furent transformées en animaux. Pendant les combats, la kina avait pris feu. Lorsque Lem l'aspergea d'eau, une vague gigantesque se forma, emportant jusqu'à l'océan tous les animaux de mer. Puis Lem monta au ciel, et devint le soleil. Son frère, Akáinix, devint l'arc-en-ciel, et celle qui avait été à la tête des femmes devint la lune.

Une île perdue

S'il est un endroit au monde dont on peut dire qu'il se trouve « au milieu de nulle part », c'est bien ce petit point du Pacifique appelé l'île de Pâques (ou Rapa Nui). Sa voisine la plus proche se trouve à plus de 2 000 km. L'île appartient au Chili, mais ses premiers habitants vinrent de Polynésie, autour du VIIe siècle de notre ère.

L'île de Pâques ne possède ni rivière ni ruisseau – une particularité qui accabla Hoto Matua au moment où il arriva sur place. Ses descendants durent adapter leurs talents de sculpteurs sur bois au travail de la pierre, car l'île ne possédait pas les arbres adéquats, tandis que son tuf volcanique était une pierre légère et facile à travailler.

Les moai (ci-dessous), ces célèbres statues géantes, représentent des êtres humains : ils ont des yeux ovales, tandis que les dieux ont des yeux ronds. Les moai figurent de grands chefs.

Les descendants d'Hoto Matua

Hoto Matua, le grand ancêtre, qui avait conduit les premiers pionniers sur l'île de Pâques, était le chef d'une île située très loin vers l'ouest. Lorsque son tatoueur, Haumaka, rêva d'une terre de l'autre côté de la mer, Hoto Matua décida de voguer jusqu'à elle. Tous les ariki-mau, les grands chefs, sont ses descendants et affirment détenir son pouvoir de rendre l'île fertile. Il existe un lien direct entre les ariki-mau et les dieux, car leurs noms comprennent ceux de divinités polynésiennes comme Tangaroa, le dieu de la mer, et Rongo, le dieu de l'agriculture.

La prêtresse et le crâne

Il y avait une prêtresse qui était chargée de surveiller un crâne, posé sur un rocher au milieu de la mer. Un jour, une vague emporta le crâne. La prêtresse plongea pour essayer de le rattraper. Elle nagea pendant des jours et des jours, et finit par atteindre une île. Là, elle rencontra la déesse Haua, qui rit lorsqu'elle lui dit ce qu'elle cherchait. Haua expliqua que le crâne était son époux, le dieu Makemake.

La prêtresse décida de rester sur l'île avec Haua et Makemake, et ils la nourrirent avec les poissons qu'ils pêchaient. Un jour, Makemake suggéra de pousser les oiseaux de mer vers Rapa Nui. Haua demanda à la prêtresse de les accompagner, pour enseigner aux habitants de l'île à les vénérer. Makemake et Haua conduisirent les oiseaux à leurs nids, sur les îlots qui se trouvent près d'Orongo, au sud de Rapa Nui. La prêtresse apprit aux hommes comment adorer les dieux. Et elle leur expliqua qu'ils devaient mettre de côté une partie de leurs repas pour l'offrir à Makemake et à Haua.

L'homme-oiseau

Les légendes de l'île de Pâques sont dominées par deux choses : les moai, ces gigantesques statues de pierre qui représentent la tête et le buste de glorieux chefs, et le culte de l'homme-oiseau. Makemake, dieu créateur de l'île, était au cœur du culte de l'homme-oiseau.

Chaque année, les clans se rassemblaient au village sacré d'Orongo pour attendre l'arrivée des oiseaux de mer. Les Pascuans croyaient que ceux-ci étaient conduits sur l'île par Makemake. Chaque chef désignait un nageur pour ramener le premier œuf de la saison. Le chef à qui on le rapportait devenait l'homme-oiseau, le représentant de Makemake pour l'année.

La colonie prospéra pendant des siècles, mais les Pascuans finirent par se trouver piégés. À force de défricher les forêts pour avoir davantage de terres cultivables, ils n'eurent plus de bois pour construire des bateaux, comme les pirogues à balancier, capables d'affronter l'océan.

Déclin d'une culture

Lorsque le capitaine Cook (1728-1779) visita l'île, en 1774, la culture qui avait élevé les gigantesques moai était sur le déclin. De nombreuses statues avaient été renversées lors de combats entre les différents clans. La déforestation et la guerre avaient engendré la famine, la population était si misérable qu'elle vendit les représentations de ses divinités.

En 1862, des trafiquants d'esclaves péruviens attaquèrent l'île et enlevèrent 1 000 personnes. Seules 15 purent revenir, qui rapportèrent la petite vérole. En 1872, il ne restait plus que 110 Pascuans et 1 000 statues de pierre, dominant un paysage devenu désert et stérile.

Les descendants actuels de ces rares survivants vénèrent toujours leur premier ancêtre, Hoto Matua. Ils espèrent également le retour du grand moai – l'Ami Qui a été Volé –, qui se trouve aujourd'hui au British Museum de Londres.

Figure de proue
d'Aluluei gardant
une pirogue
Île
d'Ifaluk
Micronésie
Océan Pacifique
Mélanésie
Polynésie
Papouasie-
Nouvelle
Guinée
Île de
Tikopia
Lézard
à langue bleue
Australie
Morue de Murray
Océan
Indien
Nouvelle-
Zélande

L'Australasie et l'Océanie

L'Australie abrite la plus ancienne civilisation vivante de la planète : celle des Aborigènes. L'immense subtilité de sa mythologie commence tout juste à nous apparaître. Les îles de Mélanésie, de Micronésie et de Polynésie, dans le Pacifique, sont également riches de légendes.

L'Œuvre des dieux

Tikopia est l'une des îles Salomon, dans le sud-ouest du Pacifique. Elle comptait 1 200 habitants en 1928, à l'époque où les traditions y demeuraient vivaces. L'île fait partie de la Mélanésie, mais sa culture est surtout polynésienne et son cycle rituel, l'Œuvre des dieux, rappelle des cérémonies célébrées par exemple aux îles Tonga.

Tikopia a de tout temps été soumise à de violents cyclones tropicaux, souvent suivis de famines, les terres gorgées d'eau salée devenant impropres à la culture pendant au moins trois ans. En décembre 2003, l'île fut dévastée par le cyclone Zoé. Des villages entiers se trouvèrent balayés, mais il n'y eut pas de victimes, car les Tikopia ont appris à affronter les cyclones : ils quittent leurs maisons pour se réfugier sur les hauteurs.

Offrandes aux dieux

L'Œuvre des dieux visait à garder le contact avec les atua, des esprits puissants qui contrôlaient la santé des Tikopia. Dieux et esprits devaient être apaisés par des offrandes de nourriture et de boissons. On leur demandait, en se conformant à un rituel très strict, de faire que l'arbre à pain soit généreux et la récolte d'ignames abondante.

L'Œuvre des dieux comportait deux parties : l'œuvre des alizés et l'œuvre de la mousson. L'une des danses sacrées de la mousson d'été était le taomatangi, destiné à calmer les vents. Les Tikopia pensaient que les atua assistaient à cette danse, adossés à des pierres sacrées, les hommes assis en tailleur, les femmes avec les jambes bien droites. Lorsque l'anthropologue Raymond Firth (1901-2002) prit des photos de cette cérémonie, les Tikopia furent surpris que les esprits n'apparaissent pas sur les clichés.

Les rituels principaux de l'Œuvre des dieux étaient la consécration des pirogues sacrées et des temples, les rites liés aux plantations et aux récoltes, une cérémonie de danse sacrée et la préparation du safran. Un safran couleur rouge sang – utilisé pour les peintures corporelles rituelles et comme teinture sacrée – était considéré comme le parfum de Mapusia, le principal atua des Kafika, l'un des quatre clans de Tikopia. On disait que l'igname (ci-dessus) était son corps.

Abandon des rituels

Avec l'Œuvre des dieux, les Tikopia avaient mis au point un système dans lequel les rituels étaient intimement liés à l'activité économique. L'Œuvre des dieux était le ciment de la société des Tikopia.

Au cours du XXe siècle, les Tikopia se convertirent progressivement au christianisme. La nouvelle religion commença par s'installer parallèlement à l'ancienne, puis, petit à petit, les rituels s'effacèrent, et l'Œuvre des dieux fut abandonnée en 1955, après une épidémie qui emporta 200 personnes, y compris l'Ariki (le chef) Kafika. Il ne restait plus assez de croyants pour perpétuer l'ancien système, et les chefs païens restants se convertirent au christianisme.

L'Œuvre des dieux était un système d'échange avec les esprits. Les Tikopia accomplissaient des rituels pour les dieux qui, en contrepartie, leur fournissaient ce dont ils avaient besoin pour vivre. Les rituels avaient lieu deux fois par an et s'étalaient sur six semaines. Chaque Tikopia gardait en mémoire leur déroulement complexe et s'assurait qu'ils étaient accomplis correctement. Jouer un rôle dans la cérémonie apportait prestige et fierté.

Chacun des rituels de l'Œuvre des dieux impliquait l'offrande d'aliments. Ceux-ci étaient, pour l'essentiel, consommés ensuite par les participants à la cérémonie. Le principal sacrifice était le temps et l'énergie consacrés à la préparation des rituels. Mais cela n'était pas non plus perdu, puisque bon nombre des actes exigés par les rites – par exemple, le tressage de nattes, la préparation de chaume (à droite) ou la réparation des pirogues – étaient économiquement utiles.

Voguer sur les mers

Les atolls de Micronésie sont considérés comme des îles paradisiaques. Ces récifs coralliens du Pacifique abritent de petites populations qui vivent plutôt confortablement et ont développé des sociétés remarquablement créatives.

Inspiration divine

Lorsque les États-Unis prirent le contrôle des Territoires sous tutelle des îles du Pacifique – qui comprenait les îles Carolines, Marshall et Mariannes – à l'issue de la Seconde Guerre mondiale, aucun missionnaire ne s'était jamais installé sur l'un des atolls des Carolines, Ifaluk. L'île ne comptait pas plus de 250 habitants, mais un anthropologue collecta auprès d'eux la matière d'un long et magnifique recueil de poèmes. Chacun, sur Ifaluk, était semble-t-il poète, même si tous attribuaient leur inspiration aux dieux, réduisant leur rôle à celui de « pirogues des dieux ».

Ifaluk est un anneau de corail qui entoure un lagon, avec 0,3 km² de terre seulement. Les cocotiers, les arbres à pain et quantité d'arbres fruitiers et de légumes y poussent en abondance. On y pratique la pêche avec des pirogues à balancier rouge, noir et blanc, dont la conception est attribuée au dieu de la navigation, Aluluei. Celui-ci a deux visages. L'un regarde devant lui tandis que l'autre regarde derrière, ce qui lui permet de voir où va une pirogue, tout en la protégeant des dangers venus de l'arrière.

La plage est le terrain de jeu préféré des petits Ifaluk. Ils apprennent par le jeu les valeurs de coopération et de non-agression propres à leur peuple.

Pour naviguer autour d'Ifaluk, il est indispensable de savoir s'orienter par rapport aux étoiles (à droite, un père apprend à son fils comment se diriger).

Troc utile

Un matin, la fille d'Aluluei aperçut sur la mer une grande pirogue. Trois dieux y étaient assis : Valur, dieu des poissons, Werieng, dieu des oiseaux, Segur, dieu des marins. Elle leur apporta une noix de coco, pas plus grande que sa main. « Pour te remercier de cette noix, lui dirent-ils, nous allons te donner une carte de l'océan. On y voit toutes les îles, tous les oiseaux, tous les poissons. »

La jeune fille apporta la carte à son père. Malgré son savoir de navigateur, Aluluei ne connaissait pas tout ce qui figurait sur la carte. Il la montra à son peuple, et lui enseigna tous les usages de la mer. C'est ainsi que l'art de la navigation arriva dans l'atoll d'Ifaluk.

Les hommes et les femmes Ifaluk portent des tatouages. Ceux des hommes couvrent tout le haut du corps. La légende raconte que cette pratique date de la venue sur l'atoll du dieu trickster Wolfat. Descendu du ciel parce qu'une femme lui plaisait, il parvint à la séduire grâce à la beauté de ses tatouages. C'est pourquoi les hommes se tatouent, en utilisant de la suie qu'ils s'injectent sous la peau à l'aide d'une aiguille en os.

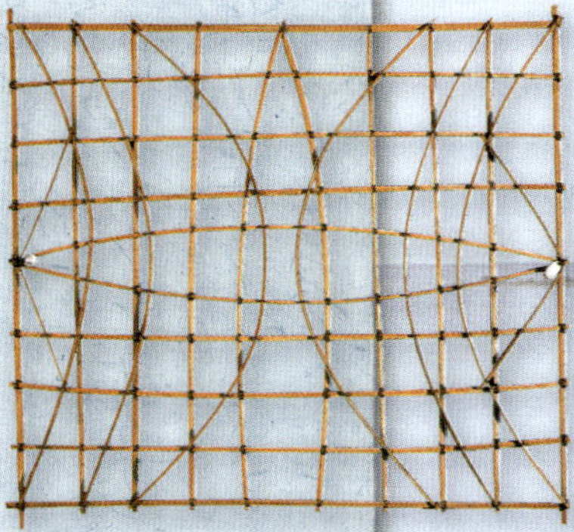

Voici l'une des cartes marines (à gauche) qu'utilisent les Ifaluk. Ces navigateurs émérites sont capables de rejoindre en pirogue toutes les îles qui entourent Ifaluk, jusqu'à celle de Yap, à 645 km au nord-ouest. Ifaluk, selon la légende, a été peuplée par une expédition venue de Yap.

Vents et étoiles

La société Ifaluk est fondée sur des classes sociales, déterminées par la naissance dans l'un ou l'autre des huit clans. On ne peut s'élever dans la société qu'en devenant un grand fabricant de pirogues, un navigateur ou le porte-parole d'un dieu. Au cours de leur apprentissage, les navigateurs doivent acquérir quantité de connaissances sur les étoiles, les vents, les courants et la vie aquatique. La plupart d'entre eux emportent sur leur pirogue une statue en bois d'Aluluei, dont le haut du corps est humain, mais qui a des piquants de raie pastenague à la place des jambes.

Si Aluluei et les autres dieux de la mer sont sans doute les plus proches des préoccupations quotidiennes des Ifaluk, quantité d'autres dieux apparaissent dans leurs poèmes. La plupart vivent dans le « ciel fleuri » avec le grand esprit Aluelap, son fils Luguelang et son petit-fils, le trickster Wolfat. Aluelap a créé le ciel, l'océan et les îles, où les hommes ont pu s'installer.

Le dieu qui descend le plus souvent sur Ifaluk est Tilitr, qui inspire les poèmes, avertit de l'approche du mal, punit les mauvaises actions et qui aide les hommes en cas de maladie ou de famine.

LE RÊVE

Les mythes des peuples aborigènes d'Australie évoquent les grands ancêtres de l'humanité, lors de la création, qu'ils appellent Jukurrpa, « le Rêve ». Cette époque n'est pas considérée comme un passé lointain, mais comme le présent. La légende du Jukurrpa est le fondement sacré de la culture et des lois warlpiri.

Après avoir été exilés, les Warlpiri furent cantonnés dans des réserves. Environ un millier d'entre eux vivent aujourd'hui encore dans la plus grande d'entre elles, Yuendumu. Cependant, ils sont de plus en plus nombreux à être retournés vivre sur les territoires de leurs ancêtres. Ceux-ci leur ont été rendus après le vote d'une loi qui leur restitue leurs droits.

Les premiers Européens pénétrèrent sur le territoire des Warlpiri au milieu du XIXe siècle. Au XXe siècle, des éleveurs de bétail et des chercheurs d'or affluèrent (à gauche, colon lavant du gravier pour en extraire le minerai). Une pénurie d'eau, dans ces lieux arides, entraîna des conflits entre les Warlpiri, les mineurs et les éleveurs, et les Warlpiri furent expulsés de leur territoire.

Conserver les mythes

Les légendes du Jukurrpa sont intimement liées aux terres ancestrales des Warlpiri. Ces récits, qui racontent l'errance des ancêtres, forment, une fois combinés, une véritable carte géographique des territoires warlpiri.

Chaque Warlpiri hérite de son père des responsabilités vis-à-vis de la terre. Il lui faut entre autres garder vivants les mythes du Jukurrpa par le chant, les contes, la danse, les rituels et la peinture, sur le sable ou sur la peau des hommes. Depuis quelques années, des peintres warlpiri ont conté les mythes du Jukurrpa par des toiles pleines de vie.

Un code visuel

Les peintures warlpiri ressemblent à de l'art abstrait, mais elles relatent les légendes au moyen d'une sorte de code visuel qui donne à chaque forme une signification précise.

Avant l'arrivée des Européens, les Warlpiri vivaient suivant le Jukurrpa. Aujourd'hui, ils doivent trouver un équilibre entre deux visions du monde opposées, entre leur croyance dans l'éternel présent du Jukurrpa et le constant mouvement vers l'avant de la société occidentale. Beaucoup d'Aborigènes estiment que l'arrivée des Européens a signé la fin du Rêve en tant que réalité quotidienne.

Le feu magique

À l'époque du Jukurrpa, un vieil homme et ses deux fils bivouaquaient à Warlukurlangu, le « Pays du feu ». Le père, appelé Lézard à langue bleue, était un puissant sorcier. Il faisait semblant d'être aveugle pour que ses fils lui rapportent de la viande. Mais dès qu'ils s'éloignaient, il allait lui-même tuer du gibier, qu'il ne partageait pas avec eux. Il chassait dans la caverne du Serpent arc-en-ciel, qui lui donnait ses pouvoirs magiques.

Un jour, par hasard, ses fils tuèrent un kangourou qui avait l'habitude de raconter ses secrets à Lézard à langue bleue. Ignorant que cet animal était sacré pour leur père, ils le lui servirent à manger. La colère du sorcier fut telle qu'il lança un feu magique à leur poursuite. Partout où ils allaient, le feu les rattrapait et les brûlait. Chaque soir il s'éteignait, mais chaque matin il se rallumait, les faisant courir dans tout le Pays du feu. Finalement, au lac salé de Ngarra*, ils s'effondrèrent, trop épuisés pour aller plus loin, et ils moururent.

La cérémonie du feu des Warlpiri est très spectaculaire. À son point culminant, les danseurs sont assaillis et brûlés avec des torches, exactement comme les deux jeunes hommes dans la légende sont pourchassés par le feu magique de leur père. L'agression ritualisée de la cérémonie permet d'apaiser les vieilles querelles en favorisant la paix et l'amitié.

* Ngarra est l'un des lieux les plus sacrés des Warlpiri ; seuls les hommes sont autorisés à s'y rendre.

Terre sacrée

Les Ngarrindjeri (prononcer « Narrinyeri ») sont des Aborigènes de la région de Lower Murray, dans l'État d'Australie-Méridionale. En dépit des énormes bouleversements qu'a connus leur mode de vie traditionnel depuis la création de l'État en 1836, les Ngarrindjeri restent très attachés à leur identité culturelle et à leur religion.

Une légende ngarrindjeri raconte qu'un héros, Ngurunderi, poursuivit dans un torrent une morue de Murray si grosse que ses mouvements créèrent le fleuve Murray, qui fut ensuite empli de poissons. Ce fleuve était l'artère du corps vivant de la terre.

Les femmes ngarrindjeri essaient de protéger le site sacré de Kumarangk de toute exploitation. Elles ne peuvent dire pourquoi, car les légendes qui l'entourent sont des « secrets de femmes » qu'aucun homme ne doit connaître.

Culture vivante

Avant l'arrivée des Européens, les Ngarrindjeri étaient la population aborigène la plus importante d'Australie. Si les 3 000 descendants restants ne vivent plus en tribus, ils conservent une grande partie des valeurs culturelles de leurs ancêtres. La plupart ont été baptisés, mais beaucoup ont trouvé un équilibre entre leur foi chrétienne et leurs croyances traditionnelles. Les légendes ngarrindjeri, comme celles d'autres peuples aborigènes, tournent autour de l'histoire de leurs créateurs ancestraux, à travers le Rêve (voir p. 134-135). Ngurunderi, qui fonda la société des Ngarrindjeri et modela leur terre, est le plus important. À la fin de leur création, les principaux ancêtres ne se transformèrent pas en animaux ou en rochers, mais se retrouvèrent dans un royaume céleste, Waiyuruwar, où ils accueillent les esprits des morts.

L'une des caractéristiques de la société ngarrindjeri traditionnelle est l'égalité qui régnait entre les sexes. Néanmoins, les hommes et les femmes possédaient des rites initiatiques et des savoirs sacrés différents. Cela prit une importance particulière dans les années 1990, lors d'une bataille juridique qui occasionna une véritable tempête politique autour des légendes ngarrindjeri.

Les aventures de Ngurunderi

À l'époque du Rêve, Ngurunderi poursuivit en pirogue une morue de Murray le long d'un torrent. Le poisson était si gros que ses mouvements modifièrent la forme du cours d'eau, créant de vastes boucles. Lorsqu'ils arrivèrent à son embouchure, là où l'eau douce rencontre l'eau salée, le beau-frère de Ngurunderi tua la morue d'un coup de harpon, puis la découpa avec son couteau de pierre. À mesure qu'il débitait les morceaux, il les jetait dans l'eau, ordonnant à chacun de devenir un poisson d'eau douce ou d'eau salée de races différentes. Ensuite, Ngurunderi souleva sa pirogue et la projeta dans le ciel*.

Un autre jour, les épouses de Ngurunderi le quittèrent, et il partit à leur recherche. Lorsqu'il finit par les rattraper, elles tentèrent de lui échapper en marchant dans la mer en direction de l'île Kangaroo**. Mais Ngurunderi déclencha un raz-de-marée pour les noyer, et elles se transformèrent en rochers. Ngurunderi marcha jusqu'à l'île, d'où il plongea dans l'océan, puis s'éleva, purifié, jusqu'au ciel. Aujourd'hui, les esprits des morts suivent ses traces jusqu'à Kangaroo, avant de plonger dans l'eau et de s'élever vers le ciel.

* Les Ngarrindjeri pensent que l'on peut encore voir cette pirogue aujourd'hui : c'est ce que nous appelons la Voie lactée.
** Photographie centrale de la double page.

Au centre de cette querelle se trouvait un savoir gardé secret par les femmes, au sujet du site sacré de Kumarangk (sur l'île Hindmarsh), à l'embouchure du fleuve Murray.

Lorsque le gouvernement fédéral décida la construction d'un pont menant à Kumarangk, les Ngarrindjeri s'y opposèrent. L'île, comme les eaux qui l'entouraient, avait pour eux une valeur sacrée, disaient-ils, sans vouloir s'expliquer davantage. Le point de rencontre entre l'eau douce du fleuve et l'eau salée de la mer constituait leur force de vie, et la construction du pont représenterait un désastre.

Le pont fut cependant construit, et le corps vivant sacré de la terre des Ngarrindjeri en fut gravement blessé, non seulement dans son écosystème, mais aussi dans le réseau de forces spirituelles qui gouvernent sa culture.

Osiris
Égypte
Amon-Rê
Hâpy
Aido-Hwedo
Bénin
Océan Atlantique
Afrique du Sud
/Kaggen
Désert du Kalahari

ASIE

L'AFRIQUE

L'Afrique est un patchwork de tribus et de cultures où l'on parle plus de 1 000 langues. En arrière-plan de toutes les légendes africaines, on trouve le monde naturel, avec ses animaux sauvages, ses forêts, ses déserts et ses savanes. L'Égypte ancienne et ses hiéroglyphes mis à part, la culture africaine est essentiellement orale : les mythes n'ont été couchés sur le papier que depuis deux siècles. Auparavant, la culture était transmise par les arts plastiques et par les conteurs.

Le dieu multiple

Dans l'Égypte ancienne, la crue du Nil était l'événement le plus important de l'année. Entre juin et septembre, le fleuve se gonflait de l'eau des pluies tombées en été sur les montagnes d'Éthiopie. Toute la civilisation égyptienne reposait sur cette inondation, qui déposait sur les terres de la vallée du Nil les limons fertiles permettant d'y pratiquer l'agriculture.

Un dieu bedonnant

Les Égyptiens vénéraient la crue du Nil sous la forme du dieu Hâpy. Il était dépeint comme un homme au ventre rond, avec des seins de femme tombants. Selon la légende, il vivait dans une caverne d'Assouan, où apparaissaient les signes précurseurs de la crue. L'eau coulait à flots de sa caverne, provoquant l'inondation annuelle qui faisait « rire les prairies ». Les Égyptiens n'ayant pas bâti de temple pour Hâpy, on considère qu'il était un dieu mineur à l'intérieur de leur riche panthéon.

Hâpy (à gauche) vivait dans une caverne cachée dans les rochers à Assouan. Au moment où il devait « inonder » la terre, la caverne était ouverte par le dieu à tête de bélier Khnoum, qui avait modelé l'humanité sur son tour de potier.

Reposer sous l'océan

Selon une légende, l'ouroboros, le serpent cosmique que l'on représentait se mordant la queue, vivait dans la caverne de Hâpy. Il était le symbole de l'éternité et du recommencement perpétuel du temps. Les Égyptiens pensaient qu'il était enroulé autour du monde, et que les eaux de la crue n'étaient autres que celles de l'océan primitif qui recouvrait le monde aux origines.

En libérant les eaux, le serpent répétait, chaque année, le mythe de la création, selon lequel les eaux se retiraient, révélant la terre. Ces répétitions, qui garantissaient le renouveau, étaient au cœur de la religion égyptienne.

Le serpent était la forme originelle du dieu créateur égyptien. Il avait reposé au fond de l'océan primitif avant la création, et il y retournerait lorsque le temps, donc le monde, toucherait à sa fin.

On mesurait la montée du Nil au moyen d'un nilomètre (ci-dessus). Cette structure ressemblait à un puits, avec des graduations sur un poteau central. On gardait la trace du niveau d'eau maximal atteint chaque année.

L'Égypte ancienne était sans cesse menacée par la famine. Depuis la construction du barrage d'Assouan, la crue annuelle du Nil ne se produit plus, mais l'irrigation des terres permet trois récoltes par an au lieu d'une seule auparavant.

Mineur ou majeur?

Pour les anciens Égyptiens, Hâpy pouvait être soit un dieu mineur, symbolisant la crue annuelle du Nil, soit le dieu créateur, également représenté par l'ouroboros, le serpent cosmique. Certains pharaons, comme Toutankhamon (voir p. 143), se firent représenter sous la forme de Hâpy, dont la crue annuelle était le seul élément immuable des 3000 ans d'histoire de l'Égypte ancienne.

L'hymne de Hâpy

Avant la construction du barrage d'Assouan, en 1971, les Égyptiens pensaient encore que le 17 juin, la Nuit de la goutte, une larme miraculeuse tombait dans le Nil et en faisait monter le niveau. La crue était annoncée dans les rues par les « crieurs du Nil », dont les mots à la gloire d'Allah faisaient comme un écho aux anciens hymnes à Hâpy.

Royaume du soleil

Les textes égyptiens évoquent plus d'un million de dieux – ils sont si nombreux qu'il n'a jamais été possible de les compter précisément. Mais ils n'étaient que des facettes du dieu créateur, qui s'appelait Atoum, « le tout ». Les plus importants de tous étaient Rê, ou Ra, le dieu soleil, et Amon, le dieu qui écoute.

Amon et Rê

Lorsque les intérêts de deux dieux se rencontraient, ils fusionnaient en un seul, comme Amon-Rê. Mais si deux éléments d'un dieu entraient en contradiction, ils pouvaient se séparer de nouveau pour être vénérés sous deux noms différents.

Amon-Rê était célébré en tant que créateur de toute chose. Il s'était conçu lui-même en disant « Je suis ! » À Karnak, où les Égyptiens lui bâtirent un temple, il était considéré comme le roi des dieux.

Akhenaton abandonna l'ancienne capitale, Thèbes, cœur du culte d'Amon-Rê, et en construisit une nouvelle à Amarna. Elle était dédiée à Aton, qui y était considéré comme le seul dieu. Si elle ne fut occupée que pendant trente ans, la ville était vaste, et compta jusqu'à 50 000 habitants.

Les rites qui se déroulaient quotidiennement dans le grand temple d'Amon-Rê à Karnak (ci-dessus) étaient des répétitions des actes mythiques qui établissaient l'ordre divin du monde. En rejouant la création, les prêtres pensaient maintenir l'équilibre de l'univers.

Akhenaton

En 1352 avant notre ère, le pharaon Amenhotep IV monta sur le trône. Irrité par les accumulations de la religion égyptienne, il rejeta tous les dieux du passé pour les remplacer par un seul, Aton, le disque solaire. Le pharaon changea de nom pour devenir Akhenaton, « le serviteur d'Aton ».

Il envoya des hommes dans tout le pays effacer le nom d'Amon-Rê. Effacer le nom d'un mort sur son tombeau revenait à le faire disparaître définitivement, et c'était vrai aussi pour un dieu.

Après la mort d'Akhenaton, son fils rétablit le culte d'Amon-Rê et rouvrit ses temples. Le nouveau pharaon changea son nom en Toutankhamon, « l'image vivante d'Amon ».

Un fidèle se tient devant le trône d'Amon-Rê, qui porte dans la main gauche l'ânkh, la croix ansée, symbole de la vie et, dans la main droite, le sceptre royal. Derrière lui se tiennent debout le dieu Shou et la déesse Tefnout, dieux de l'air et de l'humidité, qui furent créés lorsque Rê éternua à l'aube des temps.

Le nom secret de Rê

Un jour, la déesse Isis, maîtresse de la magie, décida d'apprendre les noms de toutes les choses, pour devenir aussi puissante que Rê lui-même. De nombreuses années plus tard, le seul qu'elle ne connaissait pas encore était le nom secret de Rê. Elle décida de le prendre au piège pour l'obliger à avouer ce nom.

Chaque jour, tandis qu'il traversait le ciel, Rê, qui devenait vieux, commençait à baver. Isis ramassa sa salive et, en la mélangeant à de la terre, en fit un serpent qu'elle laissa sur le chemin de Rê. Le serpent le mordit, et Rê tomba au sol, agonisant. Son nom secret, qu'il avait caché pour se protéger des maléfices, ne lui était d'aucun secours. Rê avoua son nom à Isis et elle ordonna au poison de le quitter.

La salle du Jugement

Les Égyptiens n'étaient pas obsédés par l'idée de la mort, mais plutôt par celle de la vie. L'ensemble des rituels funéraires – momification, tombeaux et commémorations – visaient à assurer au défunt une nouvelle vie. Les Égyptiens aspiraient à une existence éternelle dans le Champ des roseaux, où les morts bienheureux récoltaient des moissons abondantes sous l'œil d'Osiris.

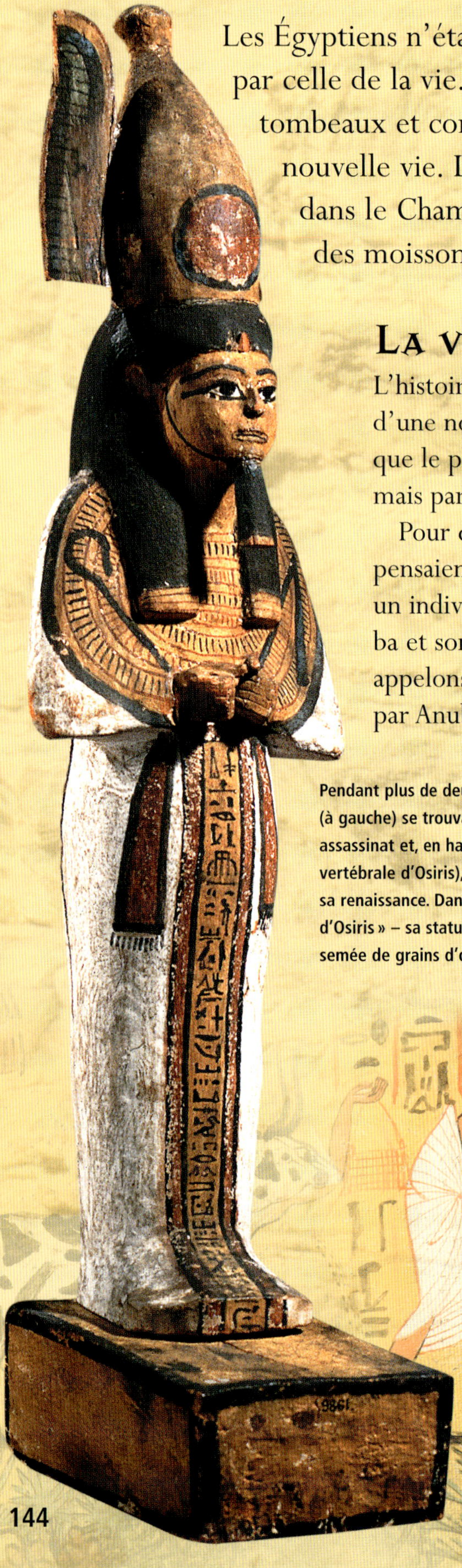

La vie éternelle

L'histoire d'Osiris était le mythe qui fournissait aux Égyptiens l'espoir d'une nouvelle vie après la mort. Initialement, cela ne concernait que le pharaon, qui « devenait » Osiris dans le monde souterrain, mais par la suite l'éternité devint accessible à tous.

Pour que la vie continue dans le Champ des roseaux, les Égyptiens pensaient qu'il fallait prendre soin de tous les éléments composant un individu – son corps physique, son nom, son ombre, ainsi que son ba et son ka, qui formaient ensemble à peu de chose près ce que nous appelons l'âme. Ils pensaient que, après leur mort, ils seraient conduits par Anubis, le dieu à tête de chacal, dans la Salle des deux vérités.

Pendant plus de deux mille ans, le centre du culte d'Osiris (à gauche) se trouva à Abydos. On y rejouait l'histoire de son assassinat et, en haut du pilier djed (symbolisant la colonne vertébrale d'Osiris), une gerbe de maïs venait représenter sa renaissance. Dans les tombeaux étaient installés des « lits d'Osiris » – sa statue de bois évidé, couchée, remplie de terre semée de grains d'orge, promesses de la nouvelle vie à venir.

Le Champ des roseaux était une version idéalisée de l'Égypte. Là, les morts étaient assurés d'avoir des récoltes abondantes. Pour Osiris, le blé était sacré, c'est pourquoi le pharaon coupait lui-même la première gerbe de la moisson.

Le seigneur des morts

Au début des temps, Osiris régnait sur la Terre entière. Il apprit aux Égyptiens comment cultiver la terre, comment fabriquer et utiliser des outils, et une quantité d'autres choses utiles. Mais son frère Seth, jaloux, l'assassina et découpa son corps en quatorze morceaux, qu'il éparpilla dans toute l'Égypte.

Isis, sœur et épouse d'Osiris, les retrouva tous, sauf un. Celui-ci avait été mangé par Sobek, le vorace dieu crocodile. Avec l'aide de Thot, le dieu ibis, et d'Anubis*, le dieu à tête de chacal, Isis reconstitua le corps d'Osiris, qui devint la première momie. Mais elle ne put lui rendre la vie que le temps de concevoir un héritier, Horus. Après cela, Osiris dut retourner sous la terre et il devint le seigneur des morts.

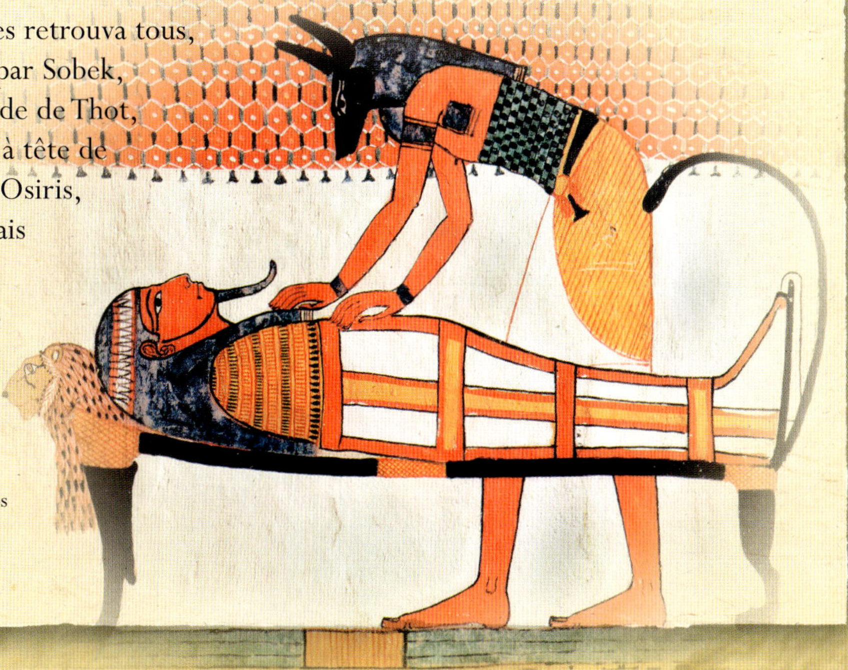

* Anubis aide ici (à droite) à reconstituer le corps d'Osiris.

Le poids du cœur

C'est la nature qui a créé les premières momies égyptiennes. Lorsque les corps étaient inhumés dans le sable chaud, les tissus séchaient au lieu de pourrir. Le cadavre devenait alors une «momie naturelle». Il est possible que ce soit cette découverte qui ait donné aux Égyptiens l'idée de préserver les tissus humains.

Avant la momification, les embaumeurs retiraient les poumons, l'estomac, les intestins et le foie. Mais ils laissaient toujours le cœur à l'intérieur du corps. Celui-ci devait en effet être posé sur le plateau d'une balance dont le second plateau contenait la plume de Maât, déesse de la vérité et de la justice, dans la Salle des deux vérités. Si le cœur, lourd de pensées et d'actes mauvais, pesait plus lourd que la plume de la vérité, le défunt était avalé par Ammout, la dévoreuse des morts. S'il avait évité cette abomination, il passait en jugement devant Osiris et les autres dieux. Ce n'est que lorsque les dieux étaient satisfaits qu'il pouvait entrer dans le Champ des roseaux.

Nomades du désert

Les San, également connus sous le nom de Bochiman du Kalahari, font partie des plus anciens habitants du sud de l'Afrique : leur culture remonte à 30000 ans au moins. Selon leur mythologie, ils auraient même été les premiers hommes sur la Terre. Leur langue est ponctuée de clics difficilement imitables (symbolisés dans ce texte par le signe « / »), qui pourraient être des restes du plus ancien des idiomes humains.

Les San occupaient autrefois un territoire allant de l'Afrique du Sud jusqu'au Kenya, comme l'indiquent les nombreuses peintures rupestres (ci-dessus, antilopes) laissées sur leur passage. Aujourd'hui, l'essentiel de leurs terres sont aux mains de multinationales minières et agricoles.

En 1999, les San Khomani ont eu gain de cause auprès du gouvernement sud-africain, qui a dû leur rendre 65000 hectares du désert du Kalahari. Mais le Botswana essaie encore d'expulser les San de leurs terrains de chasse traditionnels de la réserve naturelle du Kalahari central, pour laisser place aux touristes et à l'exploitation des mines de diamant.

Chasseurs-cueilleurs

Les San sont des nomades. Ils vivent en clans d'une centaine d'individus, et chaque clan parle son propre dialecte. On les rencontre aujourd'hui essentiellement dans le désert hostile du Kalahari, où ils survivent grâce à leurs talents de chasseurs-cueilleurs.

Les deux tiers environ de la nourriture du clan sont fournis par les femmes. Elles rapportent des racines, des baies et des mets aussi délicats que les nymphes blanches des termites, que l'on appelle le « riz bochiman ». Les hommes chassent, notamment des antilopes à cornes en spirale, avec des flèches empoisonnées.

Chez les San, la conception qui prévaut toujours est que les mondes naturel et surnaturel sont inextricablement liés.

La devise « !Ke e:/xarra //ke », qui figure sur le nouveau blason de l'Afrique du Sud (à gauche), est en /Xam, une langue aujourd'hui disparue. Elle signifie : « Des êtres différents se rassemblent ».

L'antilope sauvage

/Kaggen, la mante religieuse mâle, prit un jour un morceau de la sandale de son gendre Kwammang-a pour en faire la première antilope. Il la frotta avec du miel pour la faire briller. Chaque fois qu'il la revoyait, l'antilope avait grandi, et /Kaggen en chantait de bonheur. Mais son petit-fils, le trickster Ichneumon, découvrit l'antilope et prévint son père. Kwammang-a tua l'antilope. Lorsque /Kaggen arriva, il pleura en voyant son gendre découper la bête. De colère, il se saisit d'un bâton et perça la vésicule biliaire de l'animal, dont gicla une obscurité qui recouvrit le monde. Puis /Kaggen créa la lune. C'est à la lueur de la lune que chassent les hommes, mais l'antilope, qui était si familière, est devenue sauvage et difficile à attraper.

Les derniers des San

Les San croyaient en un être suprême, créateur de toute chose. Ils s'adressaient à lui pour que la chasse soit fructueuse, pour qu'il pleuve ou pour que les malades guérissent. /Kaggen est l'un des noms de ce dieu créateur. C'était un trickster, qui pouvait se transformer à loisir. Ses formes préférées étaient celles de la mante religieuse et de l'antilope.

Les San croyaient que /Kaggen avait créé le monde en le rêvant. Les chamans entraient dans le même état de rêve créatif pour exercer leurs pouvoirs. /Kaggen adorait les antilopes, et on disait qu'elles seules savaient toujours où il se trouvait. Parfois, il distrayait les chasseurs pour donner à une antilope touchée par leurs flèches empoisonnées le temps de se remettre et de s'échapper.

Les San étaient d'excellents conteurs. Un important recueil d'histoires des San /Xam a été publié dans les années 1870. Elles avaient été collectées auprès de /Xam emprisonnés au Cap pour des « crimes » aussi graves que le vol d'un mouton en période de famine.

La culture et la langue des San /Xam ont aujourd'hui disparu : dès le milieu du XIXe siècle, la faim et les persécutions avaient rendu impossible leur mode de vie traditionnel. Mais, contre vents et marées, d'autres clans de San continuent de vivre comme leurs ancêtres dans le désert du Kalahari.

La volonté de Mawu-Lisa

L'ancien royaume du Dahomey (aujourd'hui le Bénin) possède l'une des mythologies les plus riches d'Afrique. C'est aussi l'une des plus cohérentes, la famille royale ayant décidé, dès le début du XVIIIe siècle, de centraliser et d'organiser la religion du pays. Pourtant, elle comporte tant de dieux et tant de cultes que nul n'a jamais été capable d'en dresser la liste.

Pour pratiquer la divination du Fa, l'oracle passe d'une de ses mains à l'autre un réceptacle de bois sculpté (à gauche) contenant des graines de palmier. Il trace des motifs sur un plateau en fonction du nombre de graines qui restent à l'intérieur, afin de déchiffrer le message de Mawu, qui vient répondre à la question du consultant.

Les Fon pensent que leur histoire remonte à Zogbo (statue du Dahomey, à droite), un ancêtre qui traversa le désert pour vivre au Dahomey avec ses épouses. Une sentence fon conseille : Si un homme se croit meilleur que les autres, demande-lui : « Es-tu Zogbo ? »

Un double visage

Le peuple le plus important du Dahomey est celui des Fon. Leurs légendes ressemblent à celles de leurs voisins les plus proches, les Yoruba du Nigeria ou les Ewé du Togo. Ils partagent ainsi un culte que les Fon appellent le « Fa », par lequel ils demandent l'aide et les conseils de divers dieux vaudou. La cérémonie du Fa leur permet de savoir ce que désire Mawu, le dieu créateur. Celui-ci a deux visages : le premier, féminin, est celui de Mawu, dont « les yeux sont la lune » ; le second, masculin, est Lisa, dont « les yeux sont le soleil ». En général, on appelle donc le créateur Mawu-Lisa.

Mawu-Lisa donna naissance à de nombreux dieux, parmi lesquels Gu (à gauche), le dieu du fer, et le trickster Legba, qui est le seul des enfants de Mawu à se souvenir du langage des cieux. Les dieux et les hommes doivent passer par lui pour s'adresser à Mawu.

Création

Pendant que Mawu créait le monde, Aido-Hwedo la transportait partout dans sa gueule. Les montagnes et les vallées sinueuses ont ainsi été formées par les ondulations du serpent. Lorsque Mawu eut créé le monde, elle vit que la Terre, trop lourde, devait reposer sur quelque chose et elle demanda à Aido-Hwedo de s'enrouler sur lui-même pour la soutenir. Parfois la terre le démange, et, lorsqu'il bouge, cela provoque des séismes. Aido-Hwedo se nourrit de barres de fer, forgées pour lui par des singes rouges qui vivent sous la mer.

Lorsqu'il n'y aura plus de fer, la faim le poussera à dévorer sa propre queue. Alors la terre, avec tout ce qu'elle porte, tombera dans la mer.

Divinités

Aido-Hwedo, le serpent arc-en-ciel, est lui aussi à la fois masculin et féminin. On dit qu'il est arrivé sur Terre avec le premier homme et la première femme, Adanhu et Yewa, qui avaient été créés par Mawu.

Un second Aido-Hwedo vit dans le ciel, sous la forme de l'arc-en-ciel, et porte la foudre des dieux jusqu'à la Terre. Son nom signifie « tu es sur terre et dans le ciel ».

Les deux serpents composant Aido-Hwedo font partie des divinités qui ont voyagé, avec les esclaves, du Bénin vers les Antilles, pour devenir les dieux du vaudou haïtien. Là-bas, le serpent mâle s'appelle Dambala Wedo, la femelle Ayida Wedo. Ce sont les dieux de la richesse, de la chance et du bonheur.

Autres personnages mythiques

Europe

CHEZ LES GRECS :

Érinyes
Les trois déesses de la vengeance : Alecto, Tisiphoné et Mégère.

Éros
Le dieu de l'amour. Né du chaos, à l'aube des temps.

Gorgones
Trois femmes monstrueuses, dont le regard pouvait transformer un homme en pierre. La gorgone Méduse, à la tête couverte de serpents, fut mise à mort par le héros Persée.

Héphaïstos
Dieu boiteux du feu et de la métallurgie, il est l'époux d'Aphrodite.

Hermès
Le messager des dieux. Considéré aussi comme le dieu de la fertilité et de la prospérité, il est le père du dieu Pan.

Icare
Fils de l'inventeur Dédale, il s'enfuit du labyrinthe avec son père en volant, mais tomba dans la mer quand le soleil fit fondre la cire qui collait ses ailes.

Midas
Roi de Phrygie, il a reçu de Dionysos le pouvoir de changer en or tout ce qu'il touche.

Muses
Les neuf déesses qui président aux arts. Parmi elles se trouve Calliope, la déesse de la poésie épique.

Orphée
Poète et musicien, fils de la muse Calliope. Parti chercher son épouse Eurydice aux enfers, il ne réussit pas à la ramener dans le monde des vivants.

Pan
Le dieu des bergers, des troupeaux et de la nature sauvage.

Pandore
La première femme, sculptée dans la glaise par Héphaïstos pour qu'elle épouse Épiméthée, le frère de Prométhée. Elle est responsable de l'arrivée du mal sur la Terre, car elle a ouvert la boîte où Zeus enfermait toutes les misères humaines.

Persée
Fils de Zeus, Persée est le héros qui réussit à couper la tête de la gorgone Méduse.

Prométhée
Ce titan a créé les hommes à partir d'une motte d'argile. Pour eux, il dérobe le feu aux dieux. Son nom signifie « le prévoyant », alors que celui de son frère, Épiméthée, veut dire « qui réfléchit après coup ».

Sirènes
Démons féminins mi-poisson (ou mi-oiseau) mi-femme, qui charment les marins par leurs chants puis les conduisent au naufrage.

CHEZ LES ROMAINS :

Aequitas
Déesse de l'honnêteté dans les négociations.

Angerona
Déesse gardienne du nom secret de Rome.

Anna Perenna
La déesse de l'année. Sœur de Didon, elle quitte Rome avec elle et fonde la ville de Carthage.

Atargatis
Déesse de la fertilité d'origine syrienne. Sa légende se rapproche de celle d'Inanna/Ishtar. Son époux se nomme Dushara.

Baal
Le dieu syrien des cieux. Son culte était célébré à Palmyre, en Syrie et à Rome. Il est généralement accompagné d'Iarhibol, le dieu du soleil, et d'Aglibol, le dieu de la lune.

Bellone
Épouse de Mars, elle est la déesse de la guerre.

Diane
Déesse de la nature sauvage, de la chasse, elle est la protectrice des femmes. Elle est assimilée à la déesse grecque Artémis.

Fortuna
La déesse du hasard et de la chance.

Janus
Divinité des commencements (c'est la raison pour laquelle son nom est associé au premier mois de l'année, janvier), il est aussi le dieu des passages et des croisements. Dans la liste des dieux cités pour les prières, il est le premier à être nommé.

Junon
Déesse à l'origine étrusque sous le nom d'Uni, Junon est l'épouse de Jupiter. Elle est assimilée aux déesses grecques Héra et Rhéa.

Quirinus
Dieu de la guerre d'origine sabine, il est célébré avec Jupiter et Mars.

Sabazius
Venu de Thrace, ce dieu est associé à Cybèle, la déesse de la terre. On l'assimile parfois à Bacchus.

Terminus
Le dieu des bornes. (Chez les Romains, les bornes délimitant les champs étaient sacrées.)

CHEZ LES CELTES :

Brigit
Déesse de la médecine, de la magie et de la poésie, fille de Dagda. Aujourd'hui, elle est vénérée en tant que sainte Brigit.

Cernunnos
Le maître celte des animaux.

Lugh
Le dieu du soleil.

Morrigán
La déesse de la guerre.

Nantosuelta
Épouse du dieu au maillet Sucellus, elle est la divinité de la fertilité, souvent représentée avec une corne d'abondance.

CHEZ LES VIKINGS :

Aegir
Personnification de la mer, il est marié à Ran.

Hoenir
Un dieu caractérisé par son silence. Appartenant à l'Aesir, il fut envoyé en otage au Vanir durant la guerre qui opposa les deux camps.

Kvasir
L'être le plus sage de tous. Tous les dieux de l'Aesir et du Vanir ont craché dans un grand chaudron pour sceller leur réconciliation : c'est de là qu'est né Kvasir. Assassiné par des nains, son sang servira à confectionner un breuvage qui apporte le don de la poésie.

Mimir
Le dieu de la sagesse et de la révélation des secrets occultes.

Skadi
Fille du géant Thjazi, elle épouse le dieu de la mer Njörd.

Surt
Le géant de feu qui brûlera le monde lors de l'ultime bataille de Ragnarök.

CHEZ LES FINNO-HONGROIS :

Ilmarinen
Le dieu des artisans. Il forge le ciel et le sampo magique.

Luonnotar
Fille de la nature, elle flotte dans les airs. Elle est aussi la mère de Wäinämöinen.

CHEZ LES SLAVES :

Byelobog et **Chernobog**
Chez les Slaves de l'Ouest, les deux entités du bien et du mal.

Khors
Le dieu du soleil.

Rod
Dieu de la fertilité et de la création.

Volos
Le dieu des troupeaux.

Asie

EN MÉSOPOTAMIE :

Adapa
Gouverneur légendaire d'Eridu, première cité sumérienne, il refuse le don de l'immortalité.

Baal
Dieu canaanéen du ciel.

Lugalbanda
Roi des bergers d'Uruk, il a épousé Ninsun, patronne des «bovidés sauvages». Ils sont les parents du héros Gilgamesh.

Nanna
Le dieu sumérien de la lune. Les Babyloniens l'appellent Sin.

Utu
Dieu sumérien du soleil, nommé Shamash chez les Babyloniens.

EN INDE :

Agni
Le dieu du feu.

Bara Deo
Chez les Baiga, il est le dieu qui protège l'agriculture.

Bouddha
Siddharta Gautama (environ 563-480 avant J.-C.) était un grand sage qui atteignit l'éveil total et fonda la religion bouddhique. Les hindous pensent qu'il était l'un des dix avatars du dieu Vishnu. Le récit des vies antérieures de Bouddha est consigné dans le recueil des *Jataka*.

Durga
Déesse hindoue aux multiples bras. C'est une guerrière redoutable car, pour combattre les démons, chaque dieu lui aurait donné sa force et une partie de son corps.

Garuda
Un oiseau fabuleux.

Indra
L'un des principaux dieux hindous, il règne sur les cieux, le tonnerre et les éclairs.

Inga
Chez les Singpho, la fille d'argile qui devient la terre.

Kali
Déesse hindoue de la vie et de la mort.

Kama
Le dieu de l'amour.

Krishna
Le huitième avatar de Vishnu.

Mahadevi
La grande déesse. Uma, Parvati, Kali et Durga sont toutes des représentations de la grande déesse.

Mu
Chez les Singpho, le garçon d'argile qui devient le ciel.

Yama
Le seigneur de la mort.

Autres personnages mythiques

Asie

AU JAPON :

Aeoina kamui
Le héros culturel des Aïnu. On l'appelle aussi Ainurakkur.

Benten
La déesse de la musique et des arts. L'une des sept divinités de la chance.

Kotan kor kamui
Chez les Aïnu, le créateur.

Tsuki-yomi
Le dieu de la lune, fils d'Izanagi et frère de Susanoo.

EN CHINE :

Chang E
Déesse vivant sur la lune, épouse de l'archer céleste Yi.

Xi He
Épouse du seigneur céleste Di Jun, mère des dix soleils.

Xi Wang Mu
Reine mère de l'Ouest, qui personnifie l'élément féminin yin.

Yi
L'archer divin qui abattit neuf des dix soleils.

EN SIBÉRIE :

Tangen
Cocréateur du monde, avec Corbeau, qui lui a volé le soleil.

Amérique

EN AMÉRIQUE DU NORD :

Awonawilona
Dieu créateur des Indiens Zuni du Mexique, qui devint le soleil après avoir créé le ciel-père et la terre-mère.

Eagentci
Son nom signifie « Vieille-Femme ». C'est la terre-mère, la Première-Mère de la mythologie des Iroquois.

Étoile du Matin
L'étoile la plus puissante de la mythologie pawnee.

Femme-Changeante
Déesse navajo de la vie et de la création, qui vieillit puis rajeunit chaque année.

Glooscap
Glooscap et son frère jumeau Malsum, le loup, sont les dieux créateurs de la côte nord-est de l'Amérique.

Né-de-l'eau et **Tueur-de-Monstres**
Deux héros des Navajo. Ils sont les fils du soleil et de Femme-Changeante.

Premier-Créateur et **Homme-Seul**
Les deux créateurs des Mandan. Premier-Créateur se transforma en Coyote.

Qayak
Héros d'une épopée des Inuit d'Alaska qui explique la création.

Les Quatre-Êtres-du-Nord
Ils fournissent aux Pawnee de quoi se nourrir.

Tient-le-Ciel et **Silex**
Fils rivaux d'Eagentci (voir plus haut), qui ont créé le monde dans la mythologie des Iroquois.

Wakanda
Le Grand-Esprit, la force invisible qui imprègne toute chose dans la mythologie des Omaha.

Wakan Tanka
C'est le Grand-Esprit, le créateur, la force de vie de la mythologie des Indiens lakota.

Winabojo
Trickster, héros mythologique des Algonquin, également connu sous le nom de Nanabozho.

EN AMÉRIQUE CENTRALE :

Chalchiuhtlicue
Déesse aztèque des rivières, épouse de Tlaloc.

Ehécatl
Dieu des vents, c'est l'une des formes de Quetzalcoatl.

Huitzilopochtli
Dieu suprême des Aztèques, associé au feu et au soleil.

Itzamna
Seigneur des cieux des Mayas, époux de Ix Chel, déesse de la maternité et de la guérison.

Ometeotl
Dieu aztèque de la dualité, source suprême de la création.

Toci
Déesse aztèque de la terre, mère des dieux, dont le nom signifie « Vieille Femme ».

Yum Cimil
Dieu maya de la mort.

EN AMÉRIQUE DU SUD :

Haburi
Héros mythologique créateur des Warao du Venezuela.

Kóoch
Créateur des Tehuelche d'Argentine, son nom signifie « Ciel ».

Kúwai
Héros mythologique créateur des Cubeo du Brésil.

Mamacocha
Déesse de la mer et de l'eau chez les Incas, épouse de Viracocha.

Pachamama
Déesse de la terre des Incas.

Pillan
Dieu du tonnerre des Araucaniens du Chili.

Pulówi
Mère du gibier des Guajiro de Colombie ; elle vit sous la terre.

Rien-Que-des-Os
Créateur des Baniwa du Brésil.

Tokwah
Trickster créateur et seigneur des morts des Mataco et des Gran Chaco.

Wanadi
Héros mythologique créateur des Yekuana du Venezuela.

Watawinéwa
Divinité suprême des Yamana de la Terre de Feu.

Les frères Yoálox
Héros créateurs des Yamana de la Terre de Feu.

Océanie et Australie

EN POLYNÉSIE, MÉLANÉSIE, MICRONÉSIE :

Autran
Déesse de la terre et mère de l'humanité sur Ifaluk, l'une des îles Carolines.

Bego Tanutanu
Bego le créateur, héros mythologique des Mono-Alu des îles Salomon.

Geb
Un géant dont le corps est devenu la terre tandis que sa tête devenait le soleil, dans la mythologie des Marind-anim de Papouasie-Nouvelle-Guinée.

Metikiki
Héros créateur de la mythologie des Tikopia.

Papa
Terre-mère (eh oui !) des Maori.

Rangi
Ciel-père des Maori.

EN AUSTRALIE :

Biame
Père créateur du sud-est de l'Australie.

Djanggawul
Des triplés – deux filles, un garçon – qui ont créé le monde, dans le « Rêve » des Aborigènes Yolngu.

Esprits Mimi
Petits esprits, sortes de lutins, du nord de l'Australie, qui enseignèrent la peinture aux Aborigènes.

Lumaluma
Dieu créateur du « Rêve » des Aborigènes Gunwinggu.

Mamu-boijunda
La grande araignée qui, avec Jaipiri, le serpent arc-en-ciel, créa le monde des Walpiri du centre de l'Australie.

Matamai
Fils de Ngurunderi, le premier mortel dans la mythologie des Ngarrindjeri du sud de l'Australie.

Ungambikula
Ancêtres créateurs des Aranda du centre de l'Australie.

Afrique

EN ÉGYPTE :

Bastet
Déesse à tête de chat, divinité de la joie, de l'accouchement et de la guerre.

Bes
Dieu de la chance, chargé d'éloigner les mauvais esprits.

Geb
Dieu de la terre, des plantes et des minéraux.

Hathor
Déesse considérée comme la nourrice des pharaons, qui se plaçaient sous sa protection.

EN AFRIQUE SUB-SAHARIENNE :

Aberewa
Esprit de la terre des Akan Asante du Ghana.

Ajok
Être suprême des Lotuko du Soudan.

Ala
Déesse-mère de la terre des Ibo de l'est du Nigeria.

Dxui
Une autre identité de /Kaggen, créateur des San du sud de l'Afrique.

Gamab
Être suprême des Bergdama, en Namibie.

Leza
Être suprême des peuples qui parlent la langue Ila, en Zambie.

Nkulunkulu
Être suprême créateur des Zoulou d'Afrique du Sud.

Obatala
Être suprême et dieu du ciel des Yoruba du Nigeria.

Oduduwa
Déesse de la terre des Yoruba, épouse d'Obatala.

Uhlakanyana
Trickster miniature des Zoulou.

Yurugu
Trickster chacal des Dogon (Mali).

Glossaire

Aborigène : qui habite depuis les origines le pays où il se trouve.

Amérindiens : Indiens d'Amérique, les habitants originels du continent.

Amulette : petit objet que l'on porte sur soi et qui est censé protéger de la maladie, des mauvais sorts et du danger.

Anglican : chrétien protestant de l'Église d'Angleterre.

Année bissextile : année comptant 366 jours au lieu de 365 ; les années bissextiles reviennent tous les quatre ans.

Arbre à pain : arbre d'Océanie et d'Asie tropicale dont les gros fruits, que l'on fait cuire, contiennent de l'amidon, comme le pain.

Atoll : île formée de récifs issus de coraux, entourant une étendue d'eau centrale, le lagon.

Autel : table qui reçoit les offrandes destinées à une divinité.

Baptême : cérémonie qui introduit dans la religion chrétienne, à travers notamment l'immersion dans l'eau bénite.

Baptiste : chrétien protestant adepte de l'Église baptiste.

Barde : poète et chanteur chez les Celtes.

Brûlis : technique de culture consistant à brûler les champs ou les forêts pour rendre le sol plus fertile.

Calvaire : croix en plein air, commémorant la Crucifixion de Jésus ; lieu de prière.

Chaman : homme ou femme capable de communiquer avec les esprits et souvent de soigner les malades.

Chasseur-cueilleur : mode de vie de certains peuples qui vivent uniquement grâce à la chasse de gibier et à la cueillette de baies ou de fruits sauvages.

Cité-État : espace géographique contrôlé exclusivement par une ville.

Clan : groupe de personnes se reconnaissant un ancêtre commun.

Colon : personne qui vient s'établir dans un pays étranger, occupé par son pays d'origine.

Commémoration : cérémonie destinée à rappeler un souvenir (d'un mort, d'un événement…).

Cook, capitaine James (1728-1779) : navigateur et explorateur anglais.

Cosmos : l'Univers dans son ensemble.

Culture : les traditions, les connaissances et les croyances propres à un pays, un peuple.

Culture vivrière : culture surtout destinée à fournir de la nourriture aux agriculteurs et aux populations locales.

Cyclone : tempête tropicale très violente.

Dispensaire : établissement de soins, petit hôpital.

Divinité : un dieu ou une déesse ; certaines divinités ne sont ni mâle ni femelle, ou bien peuvent être les deux à la fois.

Dualité : qualité de ce qui est double.

Échecs : très ancien jeu de stratégie où deux adversaires manœuvrent chacun 16 pièces de valeurs différentes sur un plateau de 64 cases.

Enfer : le lieu où sont censés se trouver les morts et qui est souvent décrit comme situé sous la terre.

Élixir : boisson dotée de pouvoirs magiques.

Empire : plusieurs territoires ou pays différents placés sous le commandement d'un seul État ou d'une seule personne.

Épique : qui est propre à l'épopée.

Épopée : long récit qui célèbre un héros et des événements extraordinaires.

Équinoxe : moment de l'année où le jour dure aussi longtemps que la nuit.

Esprit : être imaginaire des mythologies qui se manifeste sur la Terre.

Esprit protecteur : il protège un individu, une maison ou bien une société ; il est souvent associé aux ancêtres.

Ethnie : groupe de personnes qui parlent la même langue et ont la même culture.

Foyer : endroit où l'on fait du feu.

Génocide : destruction systématique d'un peuple ou d'une catégorie de personnes.

Héros : demi-dieu ou personnage de légende aux prouesses prodigieuses.

Hiérarchie : organisation de la société où chacun de ses membres est classé en fonction de son pouvoir sur les autres selon un schéma ascendant – depuis celui qui a le moins de pouvoir jusqu'à celui qui dirige tout le monde.

Hydromel : boisson faite d'eau et de miel.

Idiome : langage.

Igname : plante, aliment de base dans de nombreux pays, dont on mange la grosse racine (ou rhizome).

Immortel : qui ne meurt jamais.

Irrigation : arrosement artificiel des plantations en déviant le cours d'eaux douces.

Limon : dépôt de terre fertile entraîné par les fleuves.

Mission évangélique : groupe de personnes envoyées dans un pays étranger pour convertir ses habitants au christianisme.

Multinationale : grande entreprise implantée dans de nombreux pays.

Mystère : chose cachée ; culte religieux secret auquel ne sont admis que les initiés.

Nomade : peuple qui n'a pas d'habitation fixe.

Nymphe : forme que prennent certains insectes entre le moment où ils sont des larves et leur apparence définitive.

Omniprésence : présence dans tous les lieux à la fois.

Omniscience : connaissance universelle. Un être omniscient est un être qui sait tout.

Oracle : réponse que fait une divinité à celui qui vient l'interroger.

Panthéon : l'ensemble des dieux d'une religion.

Parlement : assemblée qui détient le pouvoir de faire les lois.

Pascuans : habitants de l'île de Pâques.

Peyotl : genre de cactus sans épines dont on peut extraire un produit hallucinogène.

Précolombien : ce qui concerne l'histoire de l'Amérique avant l'arrivée de Christophe Colomb, en 1492. On parle de « civilisations précolombiennes », de l'« art précolombien ».

Presbytérien : chrétien protestant adepte de l'Église presbytérienne.

Prophétie : prédiction, événement annoncé par une personne inspirée par un dieu.

Quête : recherche de quelque chose d'important. Par exemple, dans le *Ramayana*, Rama part en quête de son épouse Sita, qui a été enlevée.

Raie pastenague : grande raie possédant sur la queue un aiguillon venimeux.

Raleigh, sir Walter (1554-1618) : navigateur anglais, l'un des initiateurs de la colonisation de l'Amérique du Nord.

Rite : cérémonie ou gestes précis prescrits par une religion.

Rituel : ensemble des règles à respecter dans le déroulement d'un rite.

Rune : lettre de l'ancien alphabet utilisé par les peuples vivant au nord de l'Europe entre le IIIe et le XVIIe siècle.

Rupestre : peint, dessiné ou gravé sur les parois d'un rocher, d'une grotte.

Sac : pillage d'une ville ou d'une région.

Sacré : qui a rapport aux dieux ou à la religion.

Sacrifice : offrande rituelle à une divinité, qui peut se traduire par la mise à mort d'animaux ou d'êtres humains.

Sac-médecine : sacoche, individuelle ou appartenant à un groupe, et renfermant des objets censés protéger et donner de la force.

Sage : personne qui possède une connaissance juste des choses.

Saké : boisson alcoolisée préparée à partir de riz fermenté.

Sanctuaire : endroit consacré aux cérémonies religieuses.

Sanskrit : la langue de l'Inde ancienne.

Sarclage : action d'enlever les mauvaises herbes, à la main ou avec un outil.

Sceptre : bâton de commandement, signe du pouvoir suprême.

Séisme : tremblement de terre.

Sibylle : femme inspirée qui transmettait les oracles des dieux et donc prédisait l'avenir.

Spirituel : qui est lié à l'esprit, à l'âme.

Stèle : pierre qui porte des inscriptions.

Suprême : qui est au-dessus de tout, de tous. On désigne parfois Dieu comme l'« Être suprême ».

Topographie : configuration et relief d'un lieu ou d'un pays tout entier.

Transe : état second, proche du rêve, qui permet aux mediums (sorciers, chamans) d'entrer en communication avec les esprits.

Tribal : qui a rapport à la tribu (des traditions tribales…).

Tribu : groupe de familles descendant d'un même ancêtre, vivant sous l'autorité d'un même chef et partageant les mêmes croyances.

Trickster : esprit indiscipliné et gaffeur qui a le pouvoir de changer d'apparence.

Tropical : appartenant aux régions chaudes situées entre le tropique du Cancer et celui du Capricorne.

Tutélaire : qui protège.

Vaudou : culte venu d'Afrique, répandu dans les Antilles et à Haïti ; mélange de sorcellerie, de pratiques magiques et de religion chrétienne.

Index

Remerciements

L'éditeur souhaite remercier ceux dont les noms suivent pour leur autorisation de reproduire leurs documents. Les détenteurs des droits de reproduction ont été recherchés avec le plus grand soin. Si des erreurs ou des omissions s'étaient toutefois glissées dans cette liste, nous vous prions de nous en excuser et nous ferons, si nous en sommes informés, le maximum pour les corriger lors d'une prochaine édition.

Clefs : *b* = en bas, *c* = au centre, *g* = à gauche, *d* = à droite, *h* = en haut, *arpl* = arrière-plan
Pages : 2-3 Getty Images, Londres (Getty) ; 4-5*arpl* Corbis ; 4*hd* Bryan and Cherry Alexander/Arctic Photos (Arctic Photos) ; 4*b* Royal Geographical Society/Alamy ; 5*bd* National Geographic Society Image Collection (NGS) ; 6-7 NGS ; 12*hg* Corbis ; 12*c* Bridgeman Art Library, Londres (BAL) ; 12-13 Corbis ; 13 Mary Evans picture Library (MEPL) ; 14*hg* Werner Forman Archive (WFA) ; 14*d* Corbis ; 15*g* Art Archive ; 15*cd* Corbis ; 16-17*arpl* AKG, Londres (AKG) ; 16*hg* Getty News ; 16*b* Corbis ; 17*g* BAL ; 17*hd* BAL ; 18*hd* Art Archive ; 18*c* Corbis ; 18-19 Getty ; 19 Corbis ; 20*hd* Corbis ; 20-21 Corbis ; 21*hg* Corbis ; 21*cd* Art Archive ; 22*g* Art Archive ; 22-23 Deutsche Press Alliance, Allemagne ; 23*h* Art Archive ; 23*b* WFA ; 24*hg* BAL ; 24*cg* Art Archive ; 24*d* BAL ; 25*hg* Corbis ; 25*cd* Art Archive ; 28-29*arpl* AKG ; 28*bg* BAL ; 28*hd* BAL ; 29*hd* Art Archive ; 29*cg* BM ; 29*b* AKG ; 30-31*arpl* AKG ; 30*hg* Art Archive ; 30*c* AKG ; 31*hd* AKG ; 31*c* AKG ; 31*bg* AKG ; 32*hd* Art Archive ; 32*cg* Art Archive ; 32-33 AKG ; 33*hd* AKG ; 34-35*arpl* AKG ; 34*hg* Scala ; 34*bd* AKG ; 35*hd* AKG ; 35*bd* Art Archive ; 36-37 Getty ; 36*g* AKG ; 38-39*arpl* Corbis ; 38 Corbis ; 39*hg* Art Archive ; 39*bd* BM ; 40-41*arpl* AKG ; 40*cd* AKG ; 40*bg* AKG ; 41*hg* Corbis ; 41*bd* Scala ; 42*hg* BAL ; 42*c* AKG ; 43*hg* Scala ; 43*bg* AKG ; 43*bd* Alamy ; 44-45 Getty ; 44*hg* AKG ; 45*hg* BAL ; 45*bd* AKG ; 46*hg* Art Archive ; 46*bd* Art Archive ; 47*hd* AKG ; 48-49*arpl* Corbis ; 48*g* Art Archive ; 48*hd* Art Archive ; 49*hg* BAL ; 49*bg* Scala ; 50-51*arpl* Art Archive ; 50*hg* Art Archive ; 50*bd* Corbis ; 51*h* Art Archive ; 51*g* Art Archive ; 51*d* Art Archive ; 52-53*arpl* Art Archive ; 52*bg* Art Archive ; 52-53*h* WFA ; 53*bg* Art Archive ; 53*bd* Art Archive ; 54 Getty ; 56*arpl* Corbis ; 56*bg* BAL ; 56*hd* Corbis ; 57 Art Archive ; 58*hg* BAL ; 58*bd* Art Archive ; 59*g* BAL ; 59*hd* WFA ; 60*hd* Muséum national, Suède ; 60*b* Art Archive ; 61*hc* BAL ; 61*d* Corbis ; 62 Corbis ; 63 Vladimir Fomin, St Petersbourg ; 64-65 NGS ; 64*hg* Art Archive ; 64*c* Art Archive ; 68-69*arpl* Getty ; 68*cg* MEPL ; 68*d* BAL ; 69*hg* Art Archive ; 69*cd* Corbis ; 70*hd* Corbis ; 71*hd* Corbis ; 71*bg* Getty ; 71*bd* Corbis ; 72-73*arpl* Scala ; 72*hg* Art Archive ; 73*cd* Corbis ; 74*hd* Art Archive ; 74*cg* Art Archive ; 74-75 British Library (BL) ; 75*hd* AKG ; 76*hd* Getty ; 76*cd* BL ; 76*b* Corbis ; 77 Corbis ; 78*hg* BL ; 78-79*b* BL ; 79*hd* Art Archive ; 80*hg* Link, Londres/Dinodia of India ; 80-81 Corbis ; 81*hg* Corbis ; 82-83 Alamy ; 82*hg* Corbis ; 82*b* Corbis ; 83*c* Corbis ; 83*b* Corbis ; 84-85 Corbis ; 84*hd* Corbis ; 84*cg* Corbis ; 84*bd* Corbis ; 86-87 Colin Nicholas, Center for Orang Asli Concerns, Malaisie ; 88*hg* Corbis ; 88*cd* Corbis ; 88*bg* Corbis ; 90*hd* Corbis ; 90*cg* BM ; 90*bd* Corbis ; 91*b* Corbis ; 92-93*arpl* Corbis ; 92*hg* Corbis ; 92*bd* Corbis ; 93*hc* Corbis ; 93*b* Corbis ; 94-95 Lonely Planet Images ; 94*hd* Corbis ; 94*cg* BM ; 94-95*b* Corbis ; 95 Corbis ; 96-97*arpl* Corbis ; 96*hg* BAL ; 96*bg* Corbis ; 97 *European Field* reproduit avec l'aimable permission de l'artiste Antony Gormley et de la White Cube Gallery, London/Press Association ; 98*hg* BAL ; 98*cg* BAL ; 98*bd* Corbis ; 99*hg* Art Archive ; 99*cd* Lonely Planet Images ; 99*bg* Getty ; 100-101 Getty ; 100*hd* Arctic Photos ; 100*cg* Arctic Photos ; 100*bg* Arctic Photos ; 101*hg* Corbis ; 101*cg* Arctic Photos ; 101*b* Getty ; 104-105 Arctic Photos ; 104*cg* Arctic Photos ; 105*hg* Arctic Photos ; 105*cg* Arctic Photos ; 105*cd* WFA ; 106*cg* Seattle Museum of Art/Corbis ; 106*d* Getty ; 107*hd* Seattle Museum of Art/Corbis ; 107*bg* WFA ; 108-109 Corbis ; 108*hg* Library of Congress, Washington DC ; 108*bg* Corbis ; 108-109*b* Corbis ; 109*hg* Corbis ; 109*bd* Corbis ; 110-111*arpl* Corbis ; 110*hd* Corbis ; 110*c* Corbis ; 111*cg* Corbis ; 111*bd* Corbis ; 112*hg* Corbis ; 112*cd* Corbis ; 112*bg* Corbis ; 113*hg* Corbis ; 113*hd* Ardea ; 113*b* Corbis ; 114-115 Art Archive ; 114*hg* Art Archive ; 114*hd* Art Archive ; 114*b* BM ; 115 WFA ; 116-117 Corbis ; 116*hd* Justin Kerr/MAYAVASE, New York ; 116*cg* Corbis ; 116*b* Art Archive ; 117*b* Art Archive ; 118-119 Getty ; 118*hd* Corbis ; 118*bg* Corbis ; 119*hd* Getty ; 119*c* Alamy ; 119*bg* Corbis ; 120-121*arpl* Art Archive ; 120*hg* Art Archive ; 120*cg* Art Archive ; 120*b* Art Archive ; 121*h* WFA ; 121*bd* Art Archive ; 122-123*arpl* Getty ; 122*b* Still Pictures ; 123 Still Pictures ; 124-125*arpl* Corbis ; 124 Corbis ; 125*h* Corbis ; 126*hd* NGS ; 126*b* NGS ; 130-131 Still Pictures ; 130*cg* Associated Press ; 130*bd* Panos Pictures ; 131*h* BM ; 131*b* Corbis ; 132-133 Corbis ; 132*cg* Corbis 132*bd* Corbis ; 133*c* BM ; 133*hd* Corbis ; 134 Corbis ; 134*c* Corbis ; 136-137 Corbis ; 136*g* WFA ; 136*hd* Alamy ; 137*b* Alamy ; 137*cd* Alamy ; 140-141*arpl* NGS ; 140*g* AKG ; 140-141 Corbis ; 141*h* Corbis ; 142-143*arpl* Art Archive ; 142 Art Archive ; 142*bd* Art Archive ; 143*hg* Art Archive ; 144-145*arpl* Art Archive ; 144*g* AKG ; 144*bd* Art Archive ; 145*h* Art Archive ; 146*cg* Corbis ; 146-147 Corbis ; 148-149 WFA ; 148*cg* BAL ; 148*cd* Corbis ; 149*hg* BAL ; 149*b* BAL ; 150-151 Alamy ; 152-153 Alamy

Couverture plat 1 : vignettes de gauche à droite : Shutterstock/Studio Araminta ; Shutterstock/Pilar Echevarria ; Hemera ; Shutterstock/Dhoxax ; **dos** : *h* Shutterstock/Iophoto; *b* Shutterstock/LucianComan ; **plat 4** : *arpl* Shutterstock/YKh ; *bd* Antony Gormley/Helmut Kunde, Kiel/Courtesy Jay Jopling/White Cube ; *hg* Shutterstock/Happy Life